唐宋史料筆記叢刊

老學庵筆記

〔宋〕陸游 撰
李劍雄 劉德權 點校

中華書局

圖書在版編目(CIP)數據

老學庵筆記/(南宋)陸游撰;李劍雄,劉德權點校. -
2版. —北京:中華書局,2019.6(2025.6重印)
(唐宋史料筆記叢刊)
ISBN 978-7-101-12951-9

Ⅰ.老… Ⅱ.①陸…②李…③劉… Ⅲ.筆記-中國-南宋-選集 Ⅳ.Z429.442

中國版本圖書館CIP數據核字(2017)第296295號

責任編輯:許 桁
責任印製:韓馨雨

唐宋史料筆記叢刊
老學庵筆記
〔南宋〕陸 游 撰
李劍雄 劉德權 點校
*
中 華 書 局 出 版 發 行
(北京市豐臺區太平橋西里38號 100073)
http://www.zhbc.com.cn
E-mail:zhbc@zhbc.com.cn
北京新華印刷有限公司印刷
*
850×1168毫米 1/32・6⅜印張・2插頁・89千字
1979年11月第1版 2019年6月第2版
2025年6月第11次印刷
印數:40801-41600册 定價:38.00元

ISBN 978-7-101-12951-9

目録

前言

老學衡茅底，秋毫敢自欺？
開編常默識，閉户有餘師。
大節艱危見，眞心夢寐知。
唐虞元在眼，生世未爲遲。

這是南宋著名愛國詩人陸游（字務觀，號放翁，公元一一二五——一二〇九年）自題其讀書室老學庵的一首詩（見劍南詩稿卷五〇）。老學庵的命名，大約在淳熙之末（一一九〇年），陸游退居故鄉山陰（今浙江紹興）鏡湖以後[一]。庵在鏡湖邊上，只有茅屋兩間，但背繞青山，面臨碧水[二]，對詩人來説，倒也是個讀書寫作的好地方。陸游又自敍其老學庵命名之義，説是「取師曠『老而學如秉燭夜行』之語」（劍南詩稿卷三三老學庵詩自注）。他的老學庵筆記當是這一時期的作品，可能有些條目寫於在這之前，但最終的完成，應在鏡湖邊上閉門讀書之時，否則不會以老學庵作爲書名的。陸游的幼子陸子遹説：「老學庵筆記，先太史淳熙、紹熙間所著也〔三〕。」這話大抵是可靠的。

陸游是著名的詩人，也是見識廣博的學者。會稽續志説他「學問該貫，文辭超邁，酷喜爲詩；其他誌銘記敍之文，皆深造三昧；尤熟識先朝典故沿革、人物出處，以故聲名振耀當世」。在陸游衆多的著作中，老學庵筆記所佔的比重雖然不大，但書中所記，多是作者親歷、親見、親聞之事，内容豐富，頗有參考價值。其中，有關抗金活動的記載較多，如卷一記宋高宗趙構「維揚南渡時，雖甚倉猝，二府猶張蓋搭猴坐而去，軍民有懷甎狙擊黄相者」；卷二記殿前司軍人施全刺殺秦檜；又記民間畫家趙廣寧願被斬斷右手拇指，也不願爲金軍繪畫遭擄掠的宋朝婦女；又記在金人佔領區内，有一個在原宋都開封賣炒栗子出名的平民李和，他的兒子冒着危險向南宋派往金廷的使臣揮淚進獻炒栗子等條，反映了人民羣衆的愛國熱忱、抗金情緒，以及對南宋統治集團中投降派的强烈憤恨。對於秦檜的揭露，如卷一記秦檜「殺岳飛於臨安獄中，都人皆涕泣」；又一條記秦檜「當國，數以言罪人，勢焰可畏」；卷三記秦檜的「十客」；卷二記宋汴諷刺秦檜所爲是「去不得的勛業」；卷八記秦檜專權忮刻；卷二、卷三、卷五分别記載秦檜的兒子秦熺及孫女的仗勢欺人，强横霸道等等。對於農民起義，如卷三記童貫鎮壓方臘起義時買賣官爵，卷九記王小皤（波）、李順起義的經過，有助於對農民起義的研究。筆記中還有大量的篇幅，記有關當時的名物典章制度和各種逸聞趣事，則有助於對文化史的研究。另外，陸游的山陰詩話没有傳下來，筆記中還保存一些有關詩論的材料，可以見出他的一些作詩主張。對於老學庵筆記，前人有過不少好的評價，陳振孫直齋書録解題説陸游「生識前輩，年及耄期，所記所聞，殊可觀也」。四庫總目提要説筆記「軼聞舊典，往往足備考證」。李慈銘越縵堂讀書記説它「雜述掌故，間考舊文，俱爲謹嚴，所論時事人物，亦多平允」。在這些話，並不過分。總之，内容豐富，態度嚴肅，資料性强，是這本筆記的特點。在宋人的筆記之中，它可列入佼佼者的行列。

這本老學庵筆記，陸游生前並未刊印。直到宋理宗紹定元年（公元一二二八年）才由其子子遹將它與陸游的其它遺稿一起刻印，共十卷，就是所謂的陸氏家刻本。這是唯一的宋本，直到宋亡，没有再翻刻過。宋史藝文志載老學庵筆記只有一卷，可能刊刻有誤。

到了明代，老學庵筆記主要的刻本有：收入會稽商濬稗海中的稗海本，收入陶宗儀説郛中的節編本，以及吴江周元度的刻本（内有天啓錢允治序）。其中，稗海本流行較廣，明代毛晉的津逮秘書所收的老學庵筆記，根據的就是稗海本，同時利用景宋本作過校勘。後來的四庫全書本、學津討原本、叢書集成本老學庵筆記都是根據毛晉津逮秘書本覆印的。學津討原本個别地方與津逮秘書本也有不同。在清代，除了流傳有殘宋本（五卷）及景宋本外，還有一部根據陸氏家刻本鈔的穴硯齋鈔本，此本與毛晉津逮秘書本是兩個系統的版子。這個時候，做過老學庵筆記的校勘工作的，有毛扆、陸敕先、黄丕烈、顧廣圻、何焯（何義門）等人，他們大多以景宋本或殘宋本去校稗海系統的本子。解放前，商務印書館以穴硯齋鈔本爲底本，校以津逮秘書本、周元度刻本及何義門校本，印入宋元人説部書中。商務這個新校本是比較完整的校本，很便於使用。因此，我們這次整理，就以此爲底本，加以標點，除與津逮秘書本覆校一遍外，還增校了説郛及學津討原兩個本子個别地方的異文。

老學庵續筆記，宋史藝文志失載。四庫全書總目著録有續筆記二卷。然至今還没有人看到過全書，我們僅見到永樂大典載有三條，説郛中節編一卷，今亦將它們録出，載之於後，供讀者參考。

點校者
一九七九年一月

〔一〕于北山陸游年譜將老學庵命名系於宋寧宗慶元元年（公元一一九五年），根據是劍南詩稿卷三三老學庵一詩自注「予取師曠『老而學如秉燭夜行』之語名庵」。然此詩本身並未注明年月，豈能遽定於慶元元年？又自注僅説明庵名命名之含義，可以是命名之時的説明，也可以是後來的補述，並不明確指這一年始命名。又此詩之前，詩稿卷二六已有題老學庵壁一詩，當比此詩寫作時間更早，亦可證明庵名命名時間當更早，大約是在淳熙末年以後的事，具體時間已難考了。

〔二〕劍南詩稿卷三三題庵壁詩云：「竹間僅有屋三楹（小庵纔兩間），雖號吾廬實客亭。」又卷四三題庵壁詩云：「萬疊青山繞鏡湖，數椽自愛野人居。」

〔三〕此據瞿鏞鐵琴銅劍樓藏書目録卷一六所載陸子遹跋語。黄丕烈士禮居藏書題跋記續所載陸子遹跋語「淳熙、紹熙間所著也」一句，無「紹熙」二字。

老學庵筆記卷一

徽宗南幸至潤，郡官迎駕於西津。及御舟抵岸，上御棕頂轎子，一宦者立轎旁呼曰：「道君傳語，衆官不須遠來！」衛士臚傳以告，遂退。

徽宗南幸還京，服栗玉並桃冠、白玉簪、赭紅羽衣，乘七寶輦。蓋吴敏定儀注云。

高宗在徽宗服中，用白木御倚子。〔一〕錢大主入覲，見之，曰：「此檀香倚子耶？」張婕妤掩口笑曰：〔二〕「禁中用烟脂皁莢多，〔三〕相公已有語，更敢用檀香作倚子耶？」時趙鼎、張浚作相也。

建炎苗、劉之變，内侍遇害至多。有秦同老者，自揚州被命至荊楚，前一日還行在，尚未得對，亦死焉。又有蕭守道者，〔四〕日侍左右，忽得罪，絀爲外郡監當，前一日出城，遂免。

臨安父老言，苗、劉戕王淵在朝天門外，今都進奏院前。然日曆及諸公記録皆不書，但云「死于路衢」而已。邵彪所録謂「死于第」，尤非也。

鼎澧羣盜如鍾相、楊么，鄉語謂幼爲么。〔五〕戰舡有車船、有槳船、有海鰍頭，軍器有弩子、其語謂弩爲鐃〔六〕有魚叉、有木老鴉。弩子、魚叉以竹竿爲柄，長二三丈，〔七〕短兵所不能敵。程昌禹部曲雖蔡州人，亦習用弩子等，遂屢捷。木老鴉一名不藉木，取堅重木爲之，長財三尺許，鋭其兩端，戰船用之尤爲便習。〔八〕官軍乃更作灰礮，用極脆薄瓦罐，置毒藥、石灰、鐵蒺藜於其中，臨陣以擊賊船，灰飛如煙霧，賊兵不能開目。欲效官軍爲之，則賊地無窑户，不能造也，遂大敗。官軍戰船亦倣賊車船而增大；有長三十六丈、廣四丈一尺、高七丈二尺五寸，未及用而岳飛以步軍平賊。至完顏亮入寇，〔九〕車船猶在，頗有功云。初，張公之行，趙元鎮丞相以詩送之云：「速宜淨埽妖氛了，來看錢塘八月潮。」

鼎澧羣盜，惟夏誠、劉衡二砦據險不可破。二人每自咤曰：「除是飛過洞庭湖。」其後卒爲岳飛所破，蓋語讖云。

趙元鎮丞相謫朱崖，病亟，自書銘旌云：「身騎箕尾歸天上，氣作山河壯本朝。」

靖康二年，浙西路勤王兵，杭州二千人，湖州九百一十五人，秀州七百一十六人，平江府一千七百三十八人，常州七百八十五人，鎮江府六百人，一路共六千七百五十四人，以二月七日起發，東都之陷已累月矣。

集英殿宴金國人使，九盞：第一肉鹹豉，第二爆肉雙下角子，第三蓮花肉油餅骨頭，第四白肉胡餅，第五羣仙炙太平畢羅，第六假圓魚，第七柰花索粉，第八假沙魚，第九水飯鹹豉旋鮓瓜薑。看食：棗餬子、髓餅、白胡餅、環餅淳熙。

紹興辛酉與虜交兵，〔一〇〕虜遯，議者謂當取壽、潁、宿三州屯重兵，然後淮可保，淮可保然後江可固，惜其不果用也。

建康城，李景所作。其高三丈，因江山爲險固，其受敵惟東北兩面，而壕壍重複，〔一一〕皆可堅守。至紹興間，已二百餘年，所損不及十之一。

漢人入仕，有以貲爲郎者，司馬相如、張釋之是也；有入錢入穀賞以官者，卜式、黄霸是也。入錢穀則今買官之類，以貲則非也。

秦會之在山東欲逃歸，舟楫已具，獨懼虜有告者，未敢決。適遇有相識稍厚者，以情告之。虜曰：「何不告監軍？」會之對以不敢。虜曰：「不然，吾國人若一諾公，則身任其責，雖死不憾。若逃而獲，雖欲貸，不敢矣。」遂用其言，告監軍，監軍曰：「中丞果欲歸耶？吾契丹亦有逃歸者，多更被疑，〔一二〕安知公歸而南人以爲忠也。公若果去，固不必顧我。」會之謝曰：「公若見諾，亦不必問某歸後禍福也。」監軍遂許之。

黃元暉爲左司諫，論事忤蔡氏，謫昭潭，後復管勾江州太平觀。謝表曰：「言之未盡，悔也奚追。」

張芸叟作漁父詩曰：「家住耒江邊，門前碧水連。小舟勝養馬，大罟當耕田。保甲元無籍，青苗不著錢。桃源在何處？此地有神仙。」蓋元豐中謫官湖湘時所作，東坡取其意爲魚蠻子云。

張德遠誅范瓊於建康獄中，都人皆鼓舞；秦會之殺岳飛於臨安獄中，都人皆涕泣：是非之公如此！

政和中大儺，下桂府進面具，比進到，稱「一副」。初訝其少，乃是以八百枚爲一副，老少妍陋無一相似者，乃大驚。至今桂府作此者，皆致富，天下及外夷皆不能及。

京師承平時，宗室戚里歲時入禁中，婦女上犢車，皆用二小鬟持香毬在旁，而袖中又自持兩小香毬。車馳過，香煙如雲，數里不絕，塵土皆香。

明州江瑶柱有二種：大者江瑶，小者沙瑶。然沙瑶可種，逾年則成江瑶矣。海檜亦有二種；海檜夭矯堅瘦皆天成；又有刻削蟠屈而成者，名土音杜檜。海檜絕難致，凡人家所有，大抵土檜也。

晁以道爲明州船場，日日平旦，具衣冠焚香占一卦。一日，有士人訪之，坐間小雨，以道語之曰：「某今日占卦有折足之象，然非某也，客至者當之，必驗無疑，君宜戒之。」士人辭去，至港口，踐滑而仆，〔三〕脛幾折，療治累月乃愈。

國初士大夫戲作語云：「眼前何日赤，腰下幾時黄？」謂朱衣吏及金帶也。宣和間，親王公主及他近屬戚里，入宫輒得金帶關子。得者旋填姓名賣之，價五百千。雖卒伍屠酤，自一命以上皆可得。方臘破錢唐時，朔日，太守客次有服金帶者數十人，皆朱勔家奴也。時諺曰：「金腰帶，銀腰帶，趙家世界朱家壞。」

仁宗賜宗室名，太祖下曰「世」，太宗下曰「仲」，秦王下曰「叔」，皆兄弟行，「世」即長也。其後「世」字之曾孫又曰「伯」，則失之。

淳熙己酉十月二十八日，車駕幸候潮門外大校場大閲。是日，上早膳畢出郊，從駕臣僚及應奉官並戎服攙帶子著靴。大閲畢，丞相、親王以下賜茶。是日，駕出麗正門，入和寧門，沿路官司免起居。

建炎中，平江造戰船，略計其費四百料。八艣戰船長八丈，爲錢一千一百五十九貫；四艘海鶻船長四丈五尺，爲錢三百二十九貫。

荆公素輕沈文通，以爲寡學，故贈之詩曰：「翛然一榻枕書卧，直到日斜騎馬歸。」及作文通墓誌，遂云：「公雖不常讀書。」或規之曰：「渠乃狀元，此語得無過乎？」乃改「讀書」作「視書」。又嘗見鄭毅夫夢仙詩曰：「授我碧簡書，奇篆蟠丹砂。讀之不可識，翻身凌紫霞。」大笑曰：「此人不識字，不勘自承。」毅夫曰：「不然，吾乃用太白詩語也。」公又笑曰：「自首減等。」

祕閣有端硯，上有紹興御書一「頑」字。唐有準勑惡詩，今又有準勑頑硯耶。

潘子賤題蔡奴傳神云：「嘉祐中，風塵中人亦如此。嗚呼盛哉！」然蔡實元豐間人也。仇氏初在民間，生子爲浮屠，曰了元，所謂佛印禪師也。已而爲廣陵人國子博士李問妾，生定；出嫁郜氏，生蔡奴。故京師人謂蔡奴爲郜六。

紹聖、元符間，汪内相彦章有聲太學。學中爲之語曰：「江左二寶，胡伸、汪藻。」仲字彦時，亦新安人，終符寶郎。

曾文清夙興誦論語一篇，終身未嘗廢。

先左丞言，荆公有詩正義一部，朝夕不離手，字大半不可辨。世謂荆公忽先儒之說，蓋不然也。

靖康國破，二帝播遷。有小崔才人與廣平郡王道君幼子名楒俱匿民間，已近五十日，虜亦不問。有從官餽以食，遂爲人所發，亦不免，不十日虜去矣。城中士大夫可罪至此。金賊刼遷宗室，我之有司不遺餘力。然比其去，義士匿之獲免者，猶七百人，人心可知。

國初，韻略載進士所習有何論一首，施肩吾及第敕亦列其所習何論一首。何論蓋如「三傑佐漢孰優」、「四科取士何先」之類。

嘉興人聞人茂德，名滋，老儒也。喜留客食，然不過蔬豆而已。郡人求館客者，多就謀之。又多蓄書，喜借人。自言作門客牙，充書籍行，開豆腐羹店。予少時與之同在敕局，爲删定官。談經義滚滚不倦，發明極多，尤邃於小學云。

張芸叟過魏文貞公舊莊，[一四]居者猶魏氏也。爲賦詩云：「破屋居人少，柴門春草長。兒童不識字，耕稼鄭公莊。」此猶未失爲農。神宗夜讀宋璟傳，賢其人，詔訪其後，得於河朔，有裔孫曰宋立，遺像、譜牒、告身皆在。然宋立者，已投軍矣。欲與一武官，而其人不願，乃賜田十頃，免徭役雜賦云。其微又過於魏氏，言之可爲流涕。

政和末，議改元，王黼擬用「重和」，既下詔矣，范致虛間白上曰：「此契丹號也。」故未幾復改宣和。然宣和乃契丹宮門名，猶我之宣德門也，年名則實曰重熙。建中靖國後，虜避天祚嫌名，追謂重熙曰重和耳，不必避可也。

建炎維揚南渡時，雖甚倉猝，二府猶張蓋搭狨坐而出，軍民有懷甎狙擊黃相者。既至臨安，二府因言：「方艱危時，臣等當一切貶損。今張蓋搭坐尚用承平故事，欲乞並權省去，候事平日依舊。」詔從之，實懲維揚事也。

林自爲太學博士，上章相子厚啓云：「伏惟門下相公，有猷有爲，無相無作。」子厚在漏舍，因與執政語及，大駡云：「遮漢敢亂道如此！〔一五〕」蔡元度曰：「無相無作，雖出佛書，然荆公字説嘗引之，恐亦可用。」子厚復大駡曰：「荆公亦不曾奉敕許亂道，況林自乎！」坐皆默然。

靖康末，括金賂虜，詔羣臣服金帶者權以通犀帶易之，獨存金魚。又執政則正透，從官則倒透。至建炎中興，朝廷草創，猶用此制。吕好問爲右丞，特賜金帶。高宗面諭曰：「此帶朕自視上方工爲之。」蓋特恩也。紹興三年，兵革初定，始詔依故事服金帶。

建炎初，按景德幸澶州故事，置御營使，以丞相領之，執政則爲副使。上御朝，御營使、副先上奏本司事，然後三省、密院相繼奏事。其重如此。

張晉彦才氣過人，然急於進取。子孝祥在西掖時，晉彦未老，每見湯岐公自薦。岐公戲之曰：「太師、尚書令兼中書令，是公合作底官職。餘何足道！」所稱之官，蓋輔臣贈父官也，意謂安國且大用耳。晉彦終身以爲憾。

紹興末，巨公丁丑生者數人。或戲以衰健放牓，陳福公作魁，凌尚書景夏末名，張魏公黜落。

紹興末，朝士多饒州人。時人語曰：「諸公皆不是癡漢。」又有監司發薦京官狀，以關節欲與饒州人。或規其當先孤寒，監司者憤然曰：「得饒人處且饒人。」時傳以爲笑。

王嘉叟自洪倅召爲光禄丞，李德遠亦召爲太常丞。〔一六〕一日相遇於景靈幕次，李謂王曰：「見公告詞云：『其鐫月廩，仍褫身章』。」謂通判借牙緋，入朝則服緑，又俸薄也。王答之曰：「亦見君告詞矣。」李曰：「云何？」曰：「具官李浩，但知健羨，不揆孤寒。既名右相之名，又字元樞之字。」蓋謂史丞相、張魏公也，滿座皆笑。

予去國二十七年復來，自周丞相子充一人外，皆無復舊人，雖吏胥亦無矣。惟賣卜洞微山人亡恙，亦不甚老，話舊愴然。西湖小昭慶僧了文，相別時未三十，意其尚存，因被命與奉常諸公同檢視郊廟壇壝，過而訪之，亦已下世。弟子出遺像，乃一老僧。使今見其人，亦不復省識矣。可以一歎。

晏尚書景初作一士大夫墓誌，以示朱希真。希真曰：「甚妙。但似欠四字，然不敢以告。」景初苦問之，希真指「有文集十卷」字下曰：「此處欠。」又問：「欠何字？」曰：「當增『不行于世』四字。」景初遂增「藏於家」三字，實用希真意也。

秦會之丞相卒，魏道弼作參政，委任頗專，且大拜矣，翰苑欲先作白麻，又不能辨，假手於士人陳豐。豐以其姓魏，遂以「晉絳和戎」對「鄭公論諫」。久之，道弼出典藩，而沈守約、〔一七〕万俟元忠並拜左右揆。〔一八〕翰苑者倉猝取豐所作制以與沈公，而忘易晉絳、鄭公之語。實録例載拜相麻，予在史院，欲删此一聯，會去國不果。

陳福公長卿重厚粹美，有天人之相，然議者擬其少英偉之氣。予爲編修官時，一日，與沈持要、尹少稷見公于都堂閤。公忽盛怒曰：「張德遠以元樞輒受三省樞密院訴牒，雖是勳德重望，亦豈當如此！」方言此時，精神赫然，目光射人。退以告朝士，皆云平生未嘗見此公怒也。古人有貴在于怒者，此豈是耶。

李莊簡公泰發奉祠還里，居于新河。先君築小亭曰千巖亭，盡見南山。公來必終日，嘗賦詩曰：「家山好處尋難遍，日日當門只卧龍。欲盡南山巖壑勝，須來亭上少從容。」每言及時事，往往憤切興歎，謂秦相曰咸陽。一日來坐亭上，舉酒屬先君曰：「某行且遠謫矣，咸陽尤忌者，某與趙元鎮耳。趙既過嶠，某何可免？然聞趙之聞命也，涕泣别子弟。某則不然，青鞋布襪，卽日行矣。」後十餘日，果有藤州之命。先君送至諸暨，歸而言曰：「泰發談笑慷慨，一如平日。問其得罪之由，曰不足問，但咸陽終誤國家耳。」

張樞密子功，紹興末還朝，〔一九〕已近八十，其辭免及謝表皆以屬予。有一表用「飛龍在天」對「老驥伏櫪」，公皇恐，語周子充左史，託言于予，易此二句。周叩其故，則曰：「某方丐去，恐人以爲志在千里也。」周笑解之曰：「所謂志千里者，正以老驥已不能行，故徒有千里之志耳。公雖筋力衰，豈無報國之志耶？」子功亦笑而止。蓋其謹如此。又嘗謂予曰：「先人有遺稿滿篋，皆諸經訓解，字畫極難辨，惟某一人識之。若死，遂皆不傳，豈容不亟歸耶！」

汪廷俊從梁才甫辟爲大名機幕，專委以修北京宮闕，凡五年乃成。歲一再奏功，輒躐遷數官。五年間，自宣教郎轉至中奉大夫，其濫賞如此。

予在南鄭，見西郵俚俗謂父曰老子，雖年十七八，有子亦稱老子。乃悟西人所謂大范老子、小范老子，〔二〇〕蓋尊之以爲父也。建炎初，宗汝霖留守東京，羣盜降附者百餘萬，皆謂汝霖曰宗爺爺，蓋此比也。

陳瑩中遷謫後，爲人作石刻，自稱「除名勒停送廉州編管陳某撰」。劉季高得罪秦氏，坐贓廢。後雖復官，去其左字，季高緘題及作文皆去左字，不以爲愧也。孫仲益亦坐以贓罪去左字，則但自稱「晉陵孫某」而已，至紹興末復左朝奉郎，乃署銜。

予嘗與查元章讀太宗實録，有侯莫陳利用者。予問有對否，元章曰：「昨虜使有烏古論思謀可對也。」予曰：「虜人姓名，五字者固多矣。」元章曰：「不然，侯莫陳可析爲三姓，烏古論亦然，故爲工也。」

毛德昭名文，江山人。苦學，至忘寢食，經史多成誦。喜大罵劇談，紹興初，招徠直諫無所忌諱。德昭對客議時事，率不遜語，人莫敢與酧對，而德昭愈自若。晚來臨安赴省試，時秦會之當國，數以言罪人，勢焰可畏。有唐錫永夫者，遇德昭于朝天門茶肆中，素惡其狂，乃與坐，附耳語曰：「君素號敢言，不知秦太師如何？」德昭大駭，亟起掩耳，曰：「放氣！放氣！」遂疾走而去，追之不及。

北方多石炭，南方多木炭，而蜀又有竹炭，燒巨竹爲之，易然無煙耐久，亦奇物。邛州出鐵，烹鍊利於竹炭，皆用牛車載以入城，予親見之。

杜少陵在成都有兩草堂，一在萬里橋之西，一在浣花，〔一一〕皆見於詩中。萬里橋故迹湮没不可見，或云房季可園是也。

蜀人爨薪，皆短而麄，束縛齊密，狀如大餅餤。不可遽燒，必以斧破之，至有以斧柴爲業者。孟蜀時，周世宗志欲取蜀，蜀卒湼面爲斧形，號「破柴都」。

謝景魚名淪滌硯法：〔一二〕用蜀中貢餘紙，先去黑，〔一三〕徐以絲瓜磨洗，餘漬皆盡，而不損硯。

青城山上官道人，北人也，巢居，食松麨，年九十矣。人有謁之者，但粲然一笑耳。有所請問，則託言病聵，〔一四〕一語不肯答。予嘗見之于丈人觀道院。忽自語養生曰：「爲國家致太平，與長生不死，皆非常人所能。然且當守國使不亂，以待奇才之出，衛生使不夭，以須異人之至。不亂不夭，皆不待異術，惟謹而已。〔一五〕」予大喜，從而叩之，則已復言瞶矣。

吕周輔言：東坡先生與黄門公南遷，相遇于梧、藤間。道旁有鬻湯餅者，共買食之，觕惡不可食。黄門置箸而歎，東坡已盡之矣。徐謂黄門曰：「九三郎，爾尚欲咀嚼耶？」大笑而起。秦少游聞之曰：此先生「飲酒，但飲溼法」已。〔二六〕

魏道弼參政使金人軍中，抗辭不撓。虜酋大怒，欲于馬前斬之，揮劍垂及頸而止，故道弼頭微偏。

使虜，舊惟使副得乘車，三節人皆騎馬。馬惡則蹄齧不可羈，鈍則不能行，良以爲苦。淳熙己酉，完顔璟嗣僞位，〔二七〕始命三節人皆給車，供張飲食亦比舊加厚。

淳熙己酉，金國賀登寶位使，自云悟室之孫，喜讀書。著作郎權兵部郎官鄧千里館之。因遊西湖，至林和靖祠堂，忽問曰：「林公嘗守臨安耶？」千里笑而已。

謝子肅使虜回云：「虜廷羣臣自徒單相以下，大抵皆白首老人。徒單年過九十矣。」又云：「虜姓多三兩字，又極怪，至有姓斜卵者。〔二八〕」己酉春，虜移文境上曰：「皇帝生日，本是七月。今爲南朝使人冒暑不便，已權改作九月一日。」其内鄉之意，亦可嘉也。

楊廷秀在高安，有小詩云：「近紅暮看失燕支，遠白宵明雪色奇。花不見桃惟見李，一生不曉退之詩。」予語之曰：「此意古已道，但不如公之詳耳。」廷秀愕然問：「古人誰曾道？」予曰：「荆公所謂『積李兮縞夜，崇桃兮炫晝』是也。」廷秀大喜曰：「便當增入小序中。」

校勘記

〔一〕倚子　毛晉津逮秘書本（下簡稱津逮本）作「椅子」。案，椅子之椅，古亦作倚。

〔二〕張婕妤　原作「張婕好」，據津逮本、何義門校本（簡稱何校，據説部本轉引，後同）改。

〔三〕烟脂　津逮本、何校作「胭脂」。案，烟脂、胭脂通用，又可寫作烟支、燕支、焉支、燕脂、臙脂等。

〔四〕蕭守道　津逮本作「蕭中道」。

〔五〕謂幼爲么　「幼」，原作「幻」，據何校改。

〔六〕謂拏爲饒　「饒」，津逮本作「鐃」，當是。

〔七〕二三丈　明周元度刻本（簡稱周本，據説部本轉引，後同）作「二三尺」。

〔八〕便習　津逮本作「便捷」。

〔九〕完顔亮　原作「元顔亮」，據津逮本改。

〔一〇〕虜　張海鵬學津討原本（簡稱學津本）作「金」。案，學津本因避清諱，故凡遇「虜」字，俱改爲「金」、「敵」、「北」等字。以後凡遇此種情況，不再出校。

〔一一〕壕塹　何校作「濠塹」。

〔一二〕更　津逮本作「則」。

〔一三〕港口　何校作「巷口」。

〔一四〕魏文貞公　「貞」，原作「正」，據津逮本改。案，舊唐書卷七一魏徵傳，魏徵謚文貞。

〔一五〕遮漢　學津本作「這漢」。

〔一六〕李德遠　「遠」原作「裕」，據津逮本改。案，宋史卷三八八李浩傳，謂浩字德遠，孝宗時曾任太常丞，當卽此人。

〔一七〕沈守約　何校「守」字下有「該」字。案，宋史卷三一高宗紀八謂「以沈該爲尚書左僕射，万俟卨爲右僕射」，卽文中「并拜左右揆」之意。沈該，字約文。「沈守約」疑卽「沈約文」之誤。

〔一八〕万俟元忠　何校「俟」字下有「卨」字。

〔一九〕張樞密子功紹興末還朝　「紹興」，何校一作「紹熙」。案，紹興爲宋高宗年號，紹熙爲宋孝宗年號。

宋史卷三八二有張燾傳，言燾字子公，孝宗於紹興末受禪時，除同知樞密院。又宋史卷二一三宰輔表四，紹興三十二年十月戊子，張燾自左太中大夫、提舉太平興國宮除同知樞密院事。則此張樞密卽張燾，作「紹興」是，且其字爲子公，與此小異。又查宋史宰輔表，紹熙末亦無張姓任樞密者。

〔二〇〕小范老子　說郛本無此四字。

〔二一〕浣花　學津本作「浣花居」，津逮本無「居」字。

〔二二〕淪　津逮本作「倫」。

〔二三〕黑　津逮本作「墨」。

〔二四〕聵　津逮本作「喑」，何校作「瘖」，皆誤。按瘖卽啞也，此但謂託言耳聾不肯答客問，非謂瘖啞不能說話。

〔二五〕謹　津逮本作「勤」。

〔二六〕飲酒但飲滛法已　津逮本作「飲酒但飲滛而已」。

〔二七〕完顏璟　原作「元顏璟」，據津逮本改。

〔二八〕斜卯　津逮本作「斜卯」。

老學庵筆記卷二

張廷老名珙，唐安江原人。年七十餘，步趨拜起健甚。自言夙興必拜數十，老人血氣多滯，拜則支體屈伸，氣血流暢，可終身無手足之疾。

魯直在戎州，作樂府曰：「老子平生，江南江北，愛聽臨風笛。孫郎微笑，坐來聲噴霜竹。」予在蜀見其稿。今俗本改「笛」爲「曲」以協韻，非也。然亦疑「笛」字太不入韻，及居蜀久，習其語音，乃知瀘戎間謂笛爲「獨」。〔一〕故魯直得借用，亦因以戲之耳。

秦會之初得疾，遣前宣州通判李季設醮于天台桐柏觀。季以善奏章自名。行至天姥嶺下，憩小店中，邂逅一士人，頗有俊氣，問季曰：「公爲太師奏章乎？」曰：「然。」士人摇首曰：「徒勞耳。數年間，張德遠當自樞府再相，劉信叔當總大兵捍邊。若太師不死，安有是事耶！」季不復敢與語，卽上車去，醮之。明日而聞秦公卒。

英州石山，自城中入鍾山，涉錦溪，至靈泉，乃出石處，有數家專以取石爲生。

其佳者質温潤蒼翠，叩之聲如金玉，然匠者頗閟之。常時官司所得，色枯槁，聲如擊朽木，皆下材也。

葉相夢錫，嘗守常州。民有比屋居者，忽作高屋，屋山覆蓋鄰家。鄰家訟之，謂他日且占地。葉判曰：「東家屋被西家蓋，仔細思量無利害。他時折屋別陳詞，如今且以壁爲界。」

蜀人任子淵好謔。鄭宣撫剛中自蜀召歸，其實秦會之欲害之也。鄭公治蜀有惠政，人猶覬其復來，數日乃聞秦氏之指，人人太息。衆中或曰：「鄭不來矣！」子淵對曰：「秦少恩哉！」人稱其敢言。

秦會之以孫女嫁郭知運，自答聘書曰：「某人東第華宗，南宮妙選，乃肯不卑於作贅，何辭可拒于盟言。」其夫人欲去「作贅」字，曰：「太惡模樣。」秦公曰：「必如此乃束縛得定。」聞者笑之。

張子韶對策，有「桂子飄香」之語。趙明誠妻李氏嘲之曰：「露花倒影柳三變，桂子飄香張九成。」

王荆公作相，裁損宗室恩數，於是宗子相率馬首陳狀訴云：「均是宗廟子孫，且告相公看祖宗面。」荆公厲聲曰：「祖宗親盡，亦須祧遷，何況賢輩！」於是皆散去。

吕正獻平章軍國時，門下客因語次，或曰：「嘉問敗壞家法可惜。」公不答，客愧而退。一客少留，曰：「司空尚能容吕惠卿，何況族黨？此人妄意迎合，可惡也。」公又不答。既歸，子弟請問二客之言如何，公亦不答。

西山十二真君各有詩，多訓戒語，後人取爲籤，以占吉凶，極驗。射洪陸使君廟以杜子美詩爲籤，亦驗。予在蜀，以淳熙戊戌春被召，臨行，遣僧則華往求籤。得遣興詩曰：「昔者龐德公，未曾入州府。襄陽耆舊間，處士節獨苦。豈無濟時策，終竟畏網罟。林茂鳥自歸，〔三〕水深魚知聚。舉家隱鹿門，劉表焉得取？」予讀之惕然。顧迫貧從仕，又十有二年，負神之教多矣。

李知幾少時，祈夢于梓潼神。是夕，夢至成都天寧觀，有道士指織女支機石曰：「以是爲名字，則及第矣！」李遂改名石，字知幾。是舉過省。

伯父通直公，字元長，病右臂，以左手握筆，而字法勁健過人。宗室不微亦然，然猶是自幼習之。梁子輔年且五十，中風，右臂不舉，乃習用左手。逾年，作字勝于用右手時，遂復起作郡。

趙廣，合淝人，本李伯時家小史。伯時作畫，每使侍左右，久之遂善畫，尤工作馬，幾能亂真。建炎中陷賊。賊聞其善畫，使圖所擄婦人，廣毅然辭以實不能畫，脅以白刃，不從，遂斷右手拇指遣去。而廣平生實用左手，〔三〕亂定惟畫觀音大士而已，又數年乃死。今士大夫所藏伯時觀音，多廣筆也。

禁中舊有絲鞋局，專挑供御絲鞋，不知其數。嘗見蜀將吴珙被賜數百緉，皆經奉御者。壽皇卽位，惟臨朝服絲鞋，退卽以羅鞋易之。遂廢此局。

今上初卽位，詔每月三日、七日、十七日、二十七日皆進素膳。

舊制：皇帝曰「御膳」，中宮曰「内膳」。自壽成皇后初立，懇辭内膳，詔權罷。今中宮因之。

駕頭，舊以一老宦者抱繡裹兀子于馬上。高廟時猶然，今乃代以閤門官，不知自何年始也。

王聖美子韶，元祐末以大蓬送北客至瀛。賜宴罷，有振武都頭卒，不堪一行人須索，忽操白刃入斫聖美。其子冒死直前護救，中三刀，左臂幾斷。虞候卒繼至，傷者六人，死者一人，聖美腦及耳皆傷甚。明日，不能與虜使相見，告以冒風得疾。虜使戲之曰：「曾服花蘂石散否？」

前輩傳書，多用鄂州蒲圻縣紙，〔四〕云厚薄緊慢皆得中，又性與麪黏相宜，能久不脱。

劉韶美在都下累年，不以家行，得俸專以傳書。書必三本，雖數百卷爲一部者亦然。出局則杜門校讎，不與客接。既歸蜀，亦分作三船，以備失壞。已而行至秭歸新灘，一舟爲灘石所敗，餘二舟無他，遂以歸普慈，築閣貯之。

隆興中，議者多謂文武一等，而輒爲分别，力欲平之。有劉御帶者，輒建言謂門狀、牓子，初無定制，且僧道職醫皆用門狀，而武臣非横行乃用牓子，幾與胥史卒伍輩同。雖不施行，然嘵嘵久之乃已。

饒德操詩爲近時僧中之冠。早有大志，既不遇，縱酒自晦，或數日不醒。醉時往往登屋危坐，〔五〕浩歌慟哭，達旦乃下。又嘗醉赴汴水，適遇客舟，救之獲免。

徐師川長子璧，字待價，豪邁能文辭。嘗作書萬言，欲投匭，極言時政，無所諱避。師川偶見之，大驚，奪而焚之。早死。

王性之讀書，真能五行俱下，往往他人纔三四行，性之已盡一紙。後生有投贄者，且觀且捲，俄頃卽置之。以此人疑其輕薄，遂多謗毁，其實工拙皆能記也。既卒，秦熺方恃其父氣燄熏灼，手書移郡，將欲取其所藏書，且許以官其子。長子仲信，名廉清，苦學有守，號泣拒之曰：「願守此書以死，不願官也。」郡將以禍福誘脅之，皆不聽。熺亦不能奪而止。

先君言，舊制，朝參，拜舞而已，政和以後，增以喏。然紹興中，予造朝，已不復喏矣。淳熙末還朝，則迎駕起居，閤門亦喝唱喏，然未嘗出聲也。又紹興中，朝參止磬折遂拜，今閤門習儀，先以笏叩額，拜拜皆然，謂之瞻笏。亦不知起于何年也。德壽宫、德壽殿二額，皆壽皇御書，旁署「臣某恭書」四字。今重華宫、重華殿二額，亦用此故事，今上御書。

予初見梁歐陽頠傳，稱頠在嶺南，多致銅鼓，獻奉珍異；又云銅鼓累代所無。及予在宣撫司，見西南夷所謂銅鼓者，皆精銅，極薄而堅，文鏤亦頗精，叩之鼞鼞如鼓，不作銅聲。祕閣下古器庫亦有二枚。此鼓南蠻至今用之于戰陣、祭享。初非古物，實不足辱祕府之藏。然自梁時已珍貴之如此，不知何理也。

杜牧之作范陽盧秀才墓誌曰：「生年二十，未知古有人曰周公、孔夫子者。」蓋謂世雖農夫、卒伍，下至臧獲，皆能言孔夫子，而盧生猶不知，所以甚言其不學也。若曰周公、孔子，則失其指矣。

酉陽雜俎云「茄子一名落蘇」，今吴人正謂之落蘇。或云錢王有子跛足，以聲相近，故惡人言茄子，亦未必然。

錢王名其居曰握髮殿，吴音「握」、「惡」相亂，錢塘人遂謂其處曰：「此錢大王惡發殿也。」

乾道末，夔路有部使者作中興頌，刻之瞿唐峽峭壁上。明年峽漲，有龍起硤中，適碎石壁，亦可異也。方刻石時，有夔州司理參軍以恩牓入官，權教授，出賦題曰：「歌頌大業刻金石。」或惡其佞，謂之曰：「韻脚當云：『老于文學乃克爲之。』」聞者爲快。

秦會之當國，有殿前司軍人施全者，伺其入朝，持斬馬刀邀于望僊橋下，斫之，斷轎子一柱而不能傷，誅死。其後秦每出，輒以親兵五十人持挺衛之。初，斬全於市，觀者甚衆，中有一人，朗言曰：「此不了事漢，不斬何爲！」聞者皆笑。

吕元直作相，治堂吏絶嚴，一日有忤意者，遂批其頰。吏官品已高，慚於同列，乃叩頭曰：「故事，堂吏有罪，當送大理寺準法行遣，今乃如蒼頭受辱。某不足言，望相公存朝廷事體。」吕大怒曰：「今天子巡幸海道，大臣皆著草屨行泥濘中，此何等時，汝乃要存事體？待朝廷歸東京了，還汝事體未遲。」衆吏相顧稱善而退。〔六〕

秦會之問宋朴參政曰：「某可比古何人？」朴遽對曰：「太師過郭子儀，不及張子房。」秦頗駭，曰：「何故？」對曰：「郭子儀爲宦者發其先墓，無如之何；今太師能使此輩屏息畏憚，過之遠矣。然終不及子房者，子房是去得底勳業，太師是去不得底勳業。」秦拊髀太息曰：「好。」遂驟薦用至執政。秦之叵測如此。

洪駒父竄海島，〔七〕有詩云：「關山不隔還鄉夢，風月猶隨過海身。」

北户録云：「嶺南俗家富者，婦産三日或足月，洗兒，作團油飯，以煎魚蝦、雞鵝、猪羊灌腸、蕉子、薑、桂、鹽豉爲之。」據此，即東坡先生所記盤遊飯也。二字語相近，必傳者之誤。

護聖楊老説，「被當令正方，則或坐或睡，更不須覓被頭。〔八〕」此言大是。又云：「平旦粥後就枕，粥在腹中，煖而宜睡，天下第一樂也。」予雖未之試，然覺其言之有味。後讀李端叔詩云：「粥後復就枕，夢中還在家。」則固有知之者矣。

陂澤惟近時最多廢。吾鄉鏡湖三百里，爲人侵耕幾盡。閬州南池亦數百里，今爲平陸，只墳墓自以千計，雖欲疏濬復其故亦不可得，又非鏡湖之比。成都摩訶池、嘉州石堂谿之類，蓋不足道。長安民契券，至有云「某處至花萼樓，某處至含元殿」者，蓋盡爲禾黍矣。而興慶池偶存十三，至今爲弔古之地云。

故都時定器不入禁中，惟用汝器，以定器有芒也。

遂寧出羅，謂之越羅，亦似會稽尼羅而過之。耀川出青瓷器，〔九〕謂之越器，似以其類餘姚縣祕色也。然極麄樸不佳，惟食肆以其耐久，多用之。

故都李和燭栗，名聞四方。他人百計效之，終不可及。紹興中，陳福公及錢上閤愷出使虜庭，〔一〇〕至燕山，忽有兩人持燭栗各十裹來獻，三節人亦人得一裹，自贊曰：「李和兒也。」揮涕而去。

往時執政簽書文字卒，著帽，衣盤領紫背子，至宣和猶不變也。

予童子時，見前輩猶繫頭巾帶于前，作胡桃結。背子背及腋下皆垂帶。長老言，背子率以紫勒帛繫之，散腰則謂之不敬。至蔡太師爲相，始去勒帛。又祖妣楚國鄭夫人有先左丞遺衣一篋，袴有繡者，白地白繡，鵝黃地鵝黃繡；裹肚則紫地皁繡。祖妣云：「當時士大夫皆然也。」

先左丞平居，朝章之外，惟服衫帽。歸鄉，幕客來，亦必著帽與坐，延以酒食。伯祖中大夫公每赴官，或從其子出仕，必著帽，遍别鄰曲。民家或留以酒，亦爲盡歡，未嘗遺一家也。其歸亦然。

成都諸名族婦女，出入皆乘犢車。惟城北郭氏車最鮮華，爲一城之冠，謂之「郭家車子」。江瀆廟西廂有壁畫犢車，廟祝指以示予曰：「此郭家車子也。」

吴幾先嘗言：「參寥詩云：『五月臨平山下路，藕花無數滿汀洲。』五月非荷花盛時，不當云『無數滿汀洲』。」廉宣仲云：「此但取句美，若云『六月臨平山下路』，則不佳矣。」幾先云：「只是君記得熟，故以五月爲勝，不然止云六月，亦豈不佳哉！」

仲翼有書名，而前輩多以爲俗，然亦以配周越。予嘗見其飛白大字數幅，亦甚工，但誠不免俗耳。

慈聖曹太后工飛白，蓋習觀昭陵落筆也。先人舊藏一「美」字，徑二尺許，筆勢飛動，用慈壽宫寶。今不知何在矣。

賈表之名公望，文元公之孫也。資稟甚豪，嘗謂仕宦當作御史，〔二〕排擊姦邪，否則爲將帥攻討羌戎，餘不足爲也。故平居惟好獵，常自飼犬。有妾焦氏者，爲之飼鷹鷄。寢食之外，但治獵事，曰：「此所以寓吾意也。」晚守泗州。翁彦國勤王不進，久留泗上。表之面叱責之，且約不復餉其軍。彦國媿而去。及張邦昌僞赦至，率郡官哭於天慶觀聖祖殿，而焚其赦書僞命，卒不能越泗而南。所試纔一郡，而所立如此。許、潁之間獵徒謂之賈大夫云。

淮南諺曰「雞寒上樹，鴨寒下水」。驗之皆不然。有一媪曰：「雞寒上距，鴨寒下嘴耳。」上距謂縮一足，下嘴謂藏其喙于翼間。

陳亞詩云：「陳亞今年新及第，滿城人賀李衙推。」李乃亞之舅，爲醫者也。今北人謂卜相之士爲巡官。巡官，唐、五代郡僚之名。或謂以其巡遊賣術，故有此稱。然北方人市醫皆稱衙推，又不知何謂。

字説盛行時，有唐博士耜、韓博士兼，皆作字説解數十卷，太學諸生作字説音訓十卷，又有劉全美者，作字説偏旁音釋一卷，字説備檢一卷，又以類相從爲字會二十卷。故相吴元中試辟雍程文，盡用字説，特免省。門下侍郎薛肇明作詩奏御，亦用字説中語。予少時見族伯父彦遠和霄字韻詩云：「雖貧未肯氣如霄。」人莫能曉。或叩之，答曰：「此出字説霄字，云：凡氣升此而消焉。」其奧如此。鄉中前輩胡浚明尤酷好字説，嘗因浴出，大喜曰：「吾適在浴室中有所悟，字説直字云：在隱可使十目視者直。吾力學三十年，今乃能造此地。」近時此學既廢，予平生惟見王瞻叔參政篤好不衰。每相見，必談字説，至暮不雜他語；雖病，亦擁被指畫誦説，不少輟。其次晁子止侍郎亦好之。

先伯祖中大夫平生好墨成癖，如李庭邽、〔三〕張遇以下，皆有之。李黄門邦直在真定，嘗寄先左丞以陳瞻墨四十笏，盡以爲伯祖壽。晚年擇取尤精者，作兩小篋，常置卧榻，愛護甚至。及下世，右司伯父舉篋以付通判叔父，曰：「先人所寶，汝宜謹藏之。」不取一笏也。

承平時，滑州冰堂酒爲天下第一，方務德家有其法。

亳州太清宫檜至多。檜花開時，蜜蜂飛集其間，不可勝數。作蜜極香而味帶微苦，謂之檜花蜜，真奇物也。歐陽公守亳時，有詩曰：「蜂採檜花村落香。」則亦不獨太清而已。

柳子厚詩云：「海上尖山似劍鋩，秋來處處割愁腸。」東坡用之云：「割愁還有劍鋩山。」或謂可言「割愁腸」，不可但言「割愁」。亡兄仲高云：「晉張望詩曰：『愁來不可割。』此『割愁』二字出處也。」

字所以表其人之德，故儒者謂夫子曰仲尼，非嫚也。先左丞每言及荆公，只曰介甫。蘇季明書張横渠事，亦只曰子厚。

唐道士侯道華喜讀書，每語人曰：「天上無凡俗仙人。」此妙語也。仙傳載：有遇神仙，得仙樂一部，使獻諸朝，曰：「以此爲大唐正始之音。」又有僧契虚遇異境，有人謂之曰：「此稚川仙府也。〔三〕」正始乃年號，稚川乃人字，而其言乃如此，豈道華所謂「凡俗仙人」耶？

崇寧間初興學校，州郡建學，聚學糧，日不暇給。士人入辟雍，皆給券，一日不可緩，緩則謂之害學政，議罸不少貸。已而置居養院、安濟坊、漏澤園，所費尤大。朝廷課以爲殿最，往往竭州郡之力，僅能枝梧。諺曰：「不養健兒，却養乞兒。不管活人，只管死尸。」蓋軍糧乏，民力窮，皆不問，若安濟等有不及，則被罪也。其後少緩，而神霄宫事起，土木之工尤盛。羣道士無賴，官吏無敢少忤其意。月給幣帛、硃砂、紙筆、沉香、乳香之類，不可數計，隨欲隨給。又久之，而北取燕薊，調發非常，動以軍期爲言。盗賊大起，馴至喪亂，而天下州郡又皆添差，歸明官一州至百餘員，通判、鈐轄多者至十餘員云。

本朝廢后入道，謂之「教主」。郭后曰金庭教主，孟后曰華陽教主，其實乃一師號耳。政和後，羣黄冠乃敢上道君尊號曰教主，不祥甚矣。孟后在瑶華宫，遂去教主之稱，以避尊號。吁，可怪也！

靖康初，京師織帛及婦人首飾衣服，皆備四時。如節物則春旛、燈毬、競渡、艾虎、雲月之類，花則桃、杏、荷花、菊花、梅花皆併爲一景，謂之一年景。而靖康紀元果止一年，蓋服妖也。

校勘記

〔一〕謂笛爲獨　「獨」，何校、津逮本作「曲」。

〔二〕林茂鳥自歸　「自」，津逮本作「有」。案，宋本杜工部集卷三、錢注杜詩卷三遺興五首皆作「有」，似作「有」是。

〔三〕平生　説部本無「平」字，據津逮本補。

〔四〕蒲圻縣　「圻」，説部本原作「祈」，何校、津逮本皆作「圻」。案，宋史卷八八地理志四，荆湖北路鄂州有蒲圻縣，則作「圻」是，據改。

〔五〕危坐　說部本原脫「坐」字，據津逮本補。

〔六〕皁吏　說部本原作「在吏」，據津逮本改。

〔七〕海島　津逮本作「南島」。

〔八〕被頭　說部本原作「枝頭」，據津逮本改。

〔九〕耀川出青瓷器　「川」，津逮本作「州」。案，宋史卷八七地理志三，永興軍路有耀州，云「貢瓷器」。可見宋時耀州以産瓷器著稱。又宋樂史太平寰宇記卷七七劍南西道雅州，管羈縻州四十六，其中有耀川州。所謂羈縻州，即少數民族居住之地，經濟文化較落後，是否産瓷器，甚可疑。且據寰宇記，雅州所産也未有瓷器。似以作「耀州」爲是。

〔一〇〕錢上閣　說部本原作「錢上閲」，學津本、津逮本皆作「錢上閣」，據改。

〔一一〕仕宦　說部本原無「宦」字，此據津逮本補。

〔一二〕李庭邽　津逮本作「李庭珪」。

〔一三〕仙府　津逮本作「仙宮」。

老學庵筆記卷三

任元受事母盡孝，〔一〕母老多疾病，未嘗離左右。元受自言：「老母有疾，其得疾之由，或以飲食，或以燥溼，或以語話稍多，或以憂喜稍過。盡言皆朝暮候之，無毫髮不盡，五臟六腑中事皆洞見曲折，不待切脈而後知，故用藥必效，雖名醫不逮也。」張魏公作都督，欲辟之入幕。元受力辭曰：「盡言方養觀，使得一神丹可以長年，必持以遺老母，不以獻公。況能捨母而與公軍事耶？」魏公太息而許之。

僧法一、宗杲，自東都避亂渡江，各攜一笠。杲笠中有黃金釵，每自檢視。一伺知之。杲起奏廁，〔二〕一亟探釵擲江中。杲還，亡釵，不敢言而色變。一叱之曰：「與汝共學了生死大事，乃眷眷此物耶！我適已爲汝投之江流矣。」杲展坐具作禮而行。

今人謂賤丈夫曰「漢子」，蓋始于五胡亂華時。北齊魏愷自散騎常侍遷青州長史，固辭之。〔三〕宣帝大怒，曰：「何物漢子，與官不受！〔四〕」此其證也。承平日，有宗室名宗漢，自惡人犯其名，謂「漢子」曰「兵士」，舉宮皆然。其妻供羅漢，其子授漢書，宮中人曰：「今日夫人召僧供十八大阿羅兵士，大保請官教點兵士書。」都下鬨然傳以爲笑。

會稽天寧觀老何道士喜栽花釀酒以延客，居于觀之東廊。一日，有道人狀貌甚偉，款門求見。善談論，喜作大字，何欣然接之，留數日乃去。未幾，有妖人張懷素號落托者謀亂，乃前日道人也。何亦坐繫獄，以不知謀得釋。自是畏客如虎，杜門絶往還。忽有一道人，亦美風表，多技術，觀之西廊。道士曰：「張若水介之來謁。」何大怒曰：「我坐接無賴道人，幾死于囹圄，豈敢復見汝耶！」因大駡，闔扉拒之。而此道人蓋永嘉人林靈噩也。旋得幸，貴震一時，賜名靈素，平日一飯之恩必厚報之。而若水乘驛赴闕，命以道官，至蕋珠殿校籍，視殿脩撰，父贈朝奉大夫，母封宜人。而老何以嘗駡之，朝夕憂懼。若水爲揮解，且以書慰解之，始少安。觀中人至今傳笑。

老葉道人，龍舒人。不食五味，年八十七八，平生未嘗有疾。居會稽舜山，天將寒，必增屋瓦，補牆壁，使極完固。下帷設簾，多儲薪炭，杜門終日，及春乃出。對客莊敬，不肯多語。弟子曰小道人，極愿慤，嘗歸淮南省親。至七月望日，鄰有住菴僧，召老葉飯。飯已，亟辭歸。問其故，則曰：「小道人約今日歸矣。」僧笑曰：〔五二〕「相去二三千里，豈能必如約哉！」葉曰：「不然，此子平日未嘗妄也。」僧乃送之歸。及門，小道人者已弛擔矣。予識之已久，每訪之，殊無他語。一日，默作意，欲叩其所得，纔入門，即引入卧内，燒香，具道其遇師本末，若先知者，亦異矣夫。

韓退之詩云：「夕貶潮陽路八千。」歐公云：「夷陵此去更三千。」謂八千里、三千里也。或以爲歇後，非也。書：「弼成五服，至于五千。」注云：「五千里。」論語冉有曰：「方六七十，如五六十。」注亦云：「六、七十里，五六十里」也。

秦會之有十客：曹冠以教其孫爲門客，王會以婦弟爲親客，郭知運以離婚爲逐客，吴益以愛壻爲嬌客，施全以剚刃爲刺客，李季以設醮奏章爲羽客，某人以治産爲莊客，丁禩以出入其家爲狎客，曹泳以獻計取林一飛還作子爲説客。〔六〕初止有此九客耳。秦既死，葬于建康，有蜀人史叔夜者，懷雞絮，號慟墓前，其家大喜，因厚遺之，遂爲弔客，足十客之數。

鄉里前輩虞少崔言，得之傅丈子駿云：「洪範『無偏無黨，王道蕩蕩；無黨無偏，王道平平；無反無側，王道正直。會其有極，歸其有極』八句，蓋古帝王相傳以爲大訓，非箕子語也。至『曰皇極之敷言』，以『曰』發之，則箕子語。」傅丈博極羣書，少崔嚴重不妄。恨予方童子，不能詳叩爾。

辛參政企李守福州，有主管應天啓運宫内臣武師説，平日郡中待之與監司等。企李初視事，謁入，謂客將曰：「此特豎瑺耳，待以通判，已是過禮。」乃令與通判同見。明日郡官朝拜神御，企李病足，必扶掖乃能拜。既入，至庭下，師説忽叱候卒退曰：「此神御殿也。」企李不爲動，顧卒曰：「但扶，自當具奏。」雍容終禮。既退，遂奏待罪。朝廷爲降師説爲泉州兵官云。

秦會之初賜居第時，兩浙轉運司置一局曰箔場，官吏甚衆，專應副賜第事。自是訖其死，十九年不罷，所費不可勝計。其孫女封崇國夫人者，謂之童夫人，蓋小名也。愛一獅猫，忽亡之，立限令臨安府訪求。及期，猫不獲，府爲捕繫鄰居民家，且欲劾兵官。兵官惶恐，步行求猫。凡獅猫悉捕致，而皆非也。乃賂入宅老卒，詢其狀，圖百本，於茶肆張之。府尹因嬖人祈懇乃已。其子熺，十九年間無一日不鍛酒器，無一日不背書畫碑刻之類。

張文潛言：「王中父詩喜用助語，自成一體。」予按，韓少師持國亦喜用之，如「酒成豈見甘而壞，花在須知色即空」、「居仁由義吾之素，處順安時理則然」、「不盡良哉用，空令識者傷」、「用舍時焉耳，窮通命也歟」。

岑參在西安幕府，詩云：「那知故園月，也到鐵關西。」韋應物作郡時，亦有詩云：「寧知故園月，今夕在西樓。」語意悉同，而豪邁閒澹之趣，居然自異。

童貫既有詔誅之命，御史張達明持詔行。將至南雄州，〔七〕貫在焉。達明恐其聞而引決，則不及正典刑，乃先遣親事官一人，馳往見貫，至則通謁拜賀于庭。貫問故，曰：「有詔遣中使賜茶藥，宣詔大王赴闕，且聞已有河北宣撫之命。」貫問：「果否？」對曰：「今將帥皆晚進，不可委寄，故主上與大臣熟議，以有威望習邊事，無如大王者，故有此命。」貫乃大喜，顧左右曰：「又却是少我不得。」明日達明乃至，誅之。〔八〕貫既伏誅，其死所忽有物在地，如水銀鏡，徑三四尺，俄而斂縮不見。達明復命函貫首自隨，以生油、水銀浸之，而以生牛皮固函。行一二日，或言勝捷兵有死士欲奪貫首，達明恐亡之，乃置首函於竹轎中，坐其上。然所傳蓋妄也。

張達明雖早歷清顯，致位綱轄，然未嘗更外任。奉祠居臨川，郡守月旦謁之，達明見其騶導，歎曰：「人生五馬貴。」

阮裕云：「非但能言人不可得，正索解人亦不可得。」〔九〕呂居仁用此意作詩云：「好詩正似佳風月，解賞能知已不凡。」

湯岐公自行宫留守出守會稽，朝士以詩送行甚衆。周子充在館中，亦有詩而亡之。岐公以書再求曰：「頃蒙贈言，乃爲或者藏去。」子充極愛其遺辭之婉。

黄魯直有日記，謂之家乘，至宜州猶不輟書。其間數言信中者，蓋范寥也。高宗得此書真本，大愛之，日置御案。徐師川以魯直甥召用，至翰林學士。上從容問信中謂誰。師川對曰：「嶺外荒陋無士人，不知何人。或恐是僧耳。」寥時爲福建兵鈐，終不能自達而死。

范寥言：魯直至宜州，州無亭驛，又無民居可僦，止一僧舍可寓，而適爲崇寧萬壽寺，法所不許，乃居一城樓上，亦極湫隘，秋暑方熾，幾不可過。一日忽小雨，魯直飲薄醉，坐胡牀，自欄楯間伸足出外以受雨，顧謂寥曰：「信中，吾平生無此快也。」未幾而卒。

華州以華山得名，城中乃不見華山，而同州見之。故華人每曰：「世間多少不平事，却被同州看華山。」張芸叟守同，嘗用此語作絶句，後二句云：「我到左馮今一月，何曾得見好孱顔。」蓋同州亦登高乃見之爾。

淳化中，命李至、張洎、張佖、宋白脩太祖國史。久之，僅進帝紀一卷而止。咸平中，又命宋白、宋湜、舒雅、吴淑脩太祖國史，亦終不成。元豐中，命曾鞏獨脩五朝國史，責任甚專，然亦僅進太祖紀敍論一篇，紀亦未及進，而鞏以憂去，史局遂廢。

僧行持，明州人，有高行，而喜滑稽。嘗住餘姚法性，貧甚，有頌曰：「大樹大皮裹，小樹小皮纏。庭前紫荆樹，無皮也過年。」後住雪竇，雪竇在四明，與天童、育王俱號名刹。一日，同見新守，守問天童覺老：「山中幾僧？」對曰：「千五百。」又以問育王諶老，對曰：「千僧。」末以問持，持拱手曰：「百二十。」守曰：「三刹名相亞，僧乃如此不同耶？」持復拱手曰：「敝院是實數。」守爲撫掌。

處士李璞居壽春縣，〔一〇〕一日登樓，見淮灘雷雨中一龍騰挐而上。雨霽，行灘上，得一蚌頗大。偶拾視之，其中有龍蟠之迹宛然，鱗鬣爪角悉具。先君嘗親見之。

晏安恭爲越州教授，張子韶爲僉判。晏美髯，人目之爲晏鬍。一日，同赴郡集，晏最末至，張戲之曰：「來何晏乎？」滿座皆笑。

晏景初尚書請僧住院，僧辭以窮陋不可爲。景初曰：「高才固易耳。」僧曰：「巧婦安能作無麪湯餅乎？」景初曰：「有麪則拙婦亦辦矣。」僧慙而退。

蜀俗厚。何耕類省試卷中有云：「是何道也夫。」道夫，耕字也。初未必有心，耕有時名，會有司亦自奇其文，遂以冠蜀士。士亦皆以得人相賀，而不議其偶近暗號也。師渾甫本名某，字渾甫。既拔解，志高退，不赴省試。其弟乃冒其名以行，不以告渾甫也。俄遂登第，渾甫因以字爲名，而字伯渾，人人盡知之。弟仕亦至郡倅，無一人議之者。此事若在閩、浙，訟訴紛然矣。

杜起莘自蜀入朝，不以家行。高廟聞其清脩獨處，甚愛之。一日因得對，褒諭曰：「聞卿出局，即蒲團、紙帳，如一行脚僧，真難及也。」起莘頓首謝。未幾，遂擢爲諫官。張真父戲之曰：「吾蜀人如劉韶美、馮圜仲及僕，蓋皆無妻妾，塊然獨處，與君等耳。君乃獨以此見知得拔擢，何也？當撾登聞鼓訴之。」因相與大笑而罷。起莘方爲言事官，而真父戲之如此，雖真父豪氣蓋一時，亦可見向來風俗之厚。

吴人謂杜宇爲「謝豹」。杜宇初啼時，漁人得蝦曰「謝豹蝦」，市中賣筍曰「謝豹筍」。唐顧況送張衛尉詩曰：「緑樹村中謝豹啼。」若非吴人，殆不知謝豹爲何物也。

徽宗南幸還，至泗州僧伽塔下，問主僧曰：「僧伽傍白衣持錫杖者何人？」對曰：「是名木义，蓋僧伽行者。」上曰：「可賜度牒與披剃。」

宣和中，保和殿下種荔枝成實，徽廟手摘以賜燕帥王安中，且賜以詩曰：「保和殿下荔枝丹，文武衣冠被百蠻。思與近臣同此味，紅塵飛鞚過燕山。」

瀘州自州治東出芙蕖橋，至大樓曰南定，氣象軒豁。樓之右，繚子城數十步，有亭，蓋梁子輔作守時所創，正面南下臨大江，名曰來風亭。亭成，子輔日枕簟其上，得末疾，歸雙流。蜀人謂亭名有徵云。

筇竹杖蜀中無之，乃出徼外蠻峒。蠻人持至瀘、敘間賣之，一枝纔四五錢。以堅潤細瘦，九節而直者爲上品。蠻人言語不通，郡中有蠻判官者爲之貿易。蠻判官蓋郡吏，然蠻人懾服，惟其言是聽。太不直則亦能羣訟于郡庭而易之。予過敘，訪山谷故迹于無等佛殿。〔二〕西廡有一堂，羣蠻聚博其上。骰子亦以骨爲之，長寸餘而匾，狀若牌子，折竹爲籌，以記勝負。劇呼大笑，聲如野獸，宛轉氊上，其意甚樂。椎髻獠面，幾不類人。見人亦不顧省。時方五月中，皆被氊毳，臭不可邇。

孔安國尚書序言：「爲隸古定，更以竹簡寫之。」隸爲隸書，古爲科斗。蓋前一簡作科斗，後一簡作隸書，釋之以便讀誦。近有善隸者，輒自謂所書爲隸古，可笑也。

宣和間，雖風俗已尚謟諛，然猶趣簡便，久之，乃有以駢儷牋啓與手書俱行者。

主於牋啓，故謂手書爲小簡，然猶各爲一緘。已而或厄于書吏，不能俱達，於是騈緘之，謂之雙書。紹興初，趙相元鎮貴重，時方多故，人恐其不暇盡觀雙書，乃以爵里或更作一單紙，直敘所請而併上之，謂之品字封。後復止用雙書，而小簡多其幅至十幅。秦太師當國，有諂者嘗執政矣，出爲建康留守，每發一書，則書百幅，擇十之一用之。于是不勝其煩，人情厭患，忽變而爲劄子，衆稍便之。俄而劄子自二幅增至十幅，每幅皆具銜，其煩彌甚。而謝賀之類爲雙書自若。紹興末，史魏公爲參政，始命書吏鏤版從邸吏告報，不受雙書，後來者皆循爲例，政府雙書遂絕。然牋啓不廢，但用一二矮紙密行細書，與劄子同，博封之，至今猶然。然外郡則猶用雙書也。

元豐中，王荆公居半山，好觀佛書，每以故金漆版書藏經名，遣人就蔣山寺取之。人士因有用金漆版代書帖與朋儕往來者。已而苦其露泄，遂有作兩版相合，以片紙封其際者。久之，其製漸精，或又以縑囊盛而封之。南人謂之簡版，北人謂之牌子。後又通謂之簡版，或簡牌。予〔三〕淳熙末還朝，則朝士乃以小紙高四五寸、闊尺餘相往來，謂之手簡。簡版幾廢，市中遂無賣者。而紙肆作手簡賣之，甚售。

士大夫交謁，祖宗時用門狀，後結牒「右件如前謹牒」，若今公文，後以爲煩而去之。元豐後，又盛行手刺，前不具銜，止云「某謹上。謁某官。某月日」。結銜姓名，刺或云狀。亦或不結銜，止書郡名，然皆手書。蘇、黄、晁、張諸公皆然。今猶有藏之者。後又止行門狀，或不能一一作門狀，則但留語閽人云：「某官來見。」而苦于閽人匿而不告，紹興初乃用牓子，直書銜及姓名，至今不廢。

石藏用名用之，高醫也。嘗言今人稟賦怯薄，故按古方用藥多不能愈病；非獨人也，金石草木之藥亦皆比古力弱，非倍用之不能取效。故藏用以喜用熱藥得謗，羣醫至爲謡言曰：「藏用檐頭三斗火。」人或畏之。惟晁之道大喜其説，〔三〕每見親友蓄丹，無多寡，盡取食之，或不待告主人。主人驚駭，急告以不宜多服。之道大笑不顧，然亦不爲害。此蓋稟賦之偏，他人不可效也。晚乃以盛冬伏石上書丹，爲石冷所逼，得陰毒傷寒而死。

予族子相，少服兔絲子凡數年，所服至多，飲食倍常，氣血充盛。忽因浴，去背垢者告以背腫。〔四〕急視之，隨視隨長，赤焮異常，蓋大疽也。適四、五月間，金銀藤開花時，乃大取，依良方所載法飲之。兩日至數斤，背腫消盡。以此知非獨金石不可妄服，兔絲過餌亦能作疽如此，不可不戒。

初虞世字和甫，以醫名天下。元符中，皇子鄧王生月餘，得癇疾，危甚，羣醫束手，虞世獨以爲必無可慮。不三日，王薨。信乎醫之難也。

佛經戒比丘非時食，蓋其法過午則不食也。而蜀僧招客，暮食謂之非時。董仲舒三年不闚園，謂勤苦不遊嬉也。館中著庭有園，每會飯罷，輒相語曰：「今日闚園乎？」此二事甚相類。

范丞相覺民，拜參知政事時，歷任未嘗滿一考。

宣和中，百司庶府悉有内侍官爲承受，實專其事，長貳皆取決焉。梁師成爲秘書省承受，坐于長貳之上。所不置承受者，三省、密院、學士院而已。

趙高爲中丞相，龔澄樞爲内太師，猶稍與外庭異。童貫真爲太師，領樞密院，振古所無。

吴玠守蜀，如和尚原、殺金平、仙人原、潭毒關之類，〔一五〕皆創爲控扼之地，古人所未嘗知，可謂名將矣。

蜀孟氏時，苑中忽生百合花一本，數百房，皆並蔕。圖其狀於聖壽寺門樓之東頰壁間，謂之瑞百合圖，〔一六〕至今尚存。乃知草木之妖，無世無之。

曹孝忠者，以醫得幸。政和、宣和間，其子以翰林醫官换武官，俄又换文，遂除館職。初，蜀人謂氣風者爲雲，〔一七〕畫家所謂趙雲子是矣。至是京師市人亦有此語。館中會語及宸翰，或謂曹氏子曰：「計公家富有雲漢之章也。」曹忽大怒曰：「爾便雲漢！」一坐皆惘然，而曹肆駡不已。事聞，復還右選，除閤門官。

宣和末，婦人鞵底尖以二色合成，名「錯到底」；竹骨扇以木爲柄，舊矣，忽變爲短柄，止插至扇半，名「不徹頭」，皆服妖也。

种彝叔，靖康初以保静節鉞致仕，居長安村墅。一夕，旌節有聲，甚異，旦而中使至，遂起。五代時，安重誨、王峻皆嘗有此異，見周太祖實録，二人者皆得禍。彝叔雖自是登樞府，然功名不成，亦非吉兆也。方彝叔赴召時，有華山道人獻詩曰：「北蕃羣犬窺籬落，驚起南朝老大蟲。」

崇寧中，長星出，推步躔度長七十二萬里。

校勘記

〔一〕任元受　津逮本於此下有「字盡言」三字。

〔二〕奏厠　學津本作「登厠」。
〔三〕固辭之　「之」説部本原作「文」，則與下「宣帝」連讀，作「文宣帝」，今據津逮本。
〔四〕不受　津逮本作「不就」。案，北史卷五六魏蘭根傳附魏愷傳載此事，引文宣帝語，作「與官不就」。
〔五〕僧笑曰　説部本原無「曰」字，據津逮本補。
〔六〕曹泳　説部本原作「曹詠」。案，南宋制撫年表引咸淳臨安志，紹興二十三年，曹泳以右朝請大夫、直顯謨閣改知臨安府。作「曹泳」是，今據何校改。
〔七〕南雄州　説部本原作「南雄府」。案，宋史卷九〇地理志六，廣南東路有南雄州，無「南雄府」，今據津逮本改。
〔八〕誅之　説部本原無此二字，據津逮本補。
〔九〕正索解人　津逮本作「正索解言人」。
〔一〇〕壽春縣　津逮本作「壽春山」。
〔一一〕無等　津逮本作「無等侍」。
〔一二〕予　説部本、説郛本作「子」，則與上句連，作「箇牌子」。此據津逮本。
〔一三〕晁之道　津逮本作「晁以道」。案，晁詠之字之道，宋哲宗時人，爲北宋時「蘇門四學士」之一晁補之從弟，見宋史卷四四四晁補之傳。本書卷四「吕吉甫在北都」條，謂晁之道即詠之。此處作「晁之道」是。下同。

〔一四〕去背垢者告以背腫　津逮本作「去背垢，背覺腫」。

〔一五〕潭毒關　津逮本作「潭毒關」。

〔一六〕瑞百合圖　津逮本作「瑞花圖」。

〔一七〕氣風者　津逮本作「病風者」。

老學庵筆記卷四

謁丞相，雖三公亦入客次。故相入朝，以經筵或内祠奉朝請；班退，亦與從官同，捲班而出。三公無班，若不秉政，惟立使相班，與貴戚諸人雜立。

故相、前執政入朝，當張蓋，史魏公始撤去。見任執政爲宣撫使，舊用劄子，關三省、樞密院押字而已，王公明參政始改用申狀。

百官入殿門，閤門輒促之曰：「那行。那去聲，若云糯。〔一〕」予去國二十七年復還，朝儀寖有不同，唯此聲尚存。

四川宣撫使置司利州或興元府，以見任執政爲之，而成都自置四川制置使。制置使移文宣撫司，當用申狀，而倔强不伏。〔二〕又以見任執政無用牒之理，於是但爲申宣撫某官，不肯申宣撫司。此當拒而不受，或聞之朝廷，而宣撫使依違不能問也。

李公擇、孫莘老平時至相親厚，皆終於御史中丞。元祐五年二月二日，公擇卒，三日，莘老卒，先後纔一日。

曾子宣以大觀元年八月二日卒，其弟子開以三日卒，先後纔一日。蔡京祖某、父準及京，皆以七月二十一日卒，三世同忌日。張文潛三子：秬、秸、和，皆中進士第。秬、秸在陳死于兵，和爲陝府教官，歸葬二兄，復遇盜見殺，文潛遂亡後，可哀也。

予年十餘歲時，見郊野間鬼火至多，麥苗稻穗之杪往往出火，〔三〕色正青，俄復不見。蓋是時去兵亂未久，所謂人血爲燐者，信不妄也。今則絕不復見，見者輒以爲怪矣。

太母，祖母也，猶謂祖爲大父。熙寧、元豐間稱曹太皇爲太母。〔四〕元祐中，稱高太皇爲太母，皆謂帝之祖母爾。元符中謂向太后爲太母，紹興中謂韋太后爲太母，則非矣。

宣和末，鄭伸自檢校太師，忽落檢校爲真太師，國初以來所無有也。

曹佾以太皇太后之弟，且英宗受天下于仁祖，故神廟所以養慈聖光獻者，備極隆厚。佾官至中書令，會慈聖上僊，佾解官行服。服闋，當還故官，而官制行，使相不帶三省長官，例換開府儀同三司，于是特封佾濟陽郡王。及薨，追封沂王。外戚封王自佾始。然佾之例，後豈可用哉。

建炎大駕南渡後，每邊事危急，則住常程，謂專治軍旅，其他皆權止施行。又急則放百司，謂官吏權聽自便。幸明州時，吕相欲并從官聽自便，高宗不可，乃止。

建炎初，大駕駐蹕南京、揚州，而東京置留守司。則百司庶府爲二：其一曰「在京某司」，其一曰「行在某司」。其後大駕幸建康、會稽，而六宫往江西，則亦分爲二：曰「行在某司」、「行宫某司」。已而大駕幸建康，六宫留臨安，則建康爲行在，臨安爲行宫。今東京阻隔，而臨安官司猶曰「行在某司」，示不忘恢復也。

郭子儀三十年無緦麻服，人或疑其不然。安厚卿樞密逾二紀無功緦之戚，乃近歲事也。

故都紫霞殿有二金狻猊，〔五〕蓋香獸也。故晏公冬宴詩云：「狻猊對立香煙度，鸑鷟交飛組繡明。」今寶玉大弓之盜未得，而奉使至虜庭，率見之，真卿大夫之辱也。

南齊胡諧之譖梁州刺史范柏年于武帝曰：「欲擅一州。」柏年已受代，帝欲不問。諧之曰：「見虎格得而放上山。」于是賜死。紹聖中，謫元祐大臣過嶺，吕吉甫聞之，嘻笑曰：「捕得黄巢，笞而遣之。」

顔夷仲爲少蓬，尚無出身，久之乃賜第，除西掖。

予在嚴州時，得陸海軍節度使印，藏軍資庫，蓋節度使鄭翼之所賜印也。翼之南渡後死。

辰、沅、靖州蠻有犵狑，有犵獠，有犵欖，有犵貗，有山猺，俗亦土著，外愚内黠，皆焚山而耕，所種粟豆而已。食不足則獵野獸，至燒龜蛇啖之。其負物則少者輕，老者重，率皆束于背，婦人負者尤多。男未娶者，以金雞羽插髻，女未嫁者，以海螺爲數珠挂頸上。嫁娶先密約，乃伺女於路，劫縛以歸。亦忿争叫號求救，其實皆僞也。生子乃持牛酒拜女父母。初亦陽怒却之，鄰里共勸，乃受。飲酒以鼻，一飲至數升，名鈎藤酒，〔六〕不知何物。醉則男女聚而踏歌。農隙時至一二百人爲曹，手相握而歌，數人吹笙在前導之。貯缸酒于樹陰，飢不復食，惟就缸取酒恣飲，已而復歌。夜疲則野宿。至三日未厭，則五日，或七日方散歸。上元則入城市觀燈。呼郡縣官曰大官，欲人謂己爲足下，否則怒。其歌有曰：「小娘子，葉底花，無事出來吃盞茶。」蓋竹枝之類也。諸蠻惟犵狑頗强習戰鬬，他時或能爲邊患。

童貫平方寇時，受富民獻遺。文臣曰「上書可采」，武臣曰「軍前有勞」，並補官，仍許磨勘，封贈爲官户。比事平，有司計之，凡四千七百人有奇。

吴元中丞相在辟雍，試經義五篇，蓋用字説，〔七〕援據精博。蔡京爲進呈，特免省赴廷試，以爲學字説之勸。及作相，上章乞復春秋科，反攻王氏。徐擇之時爲左相，語人曰：「吴相此舉，雖湯、武不能過。」客不解。擇之曰：「逆取而順守。」元中甚不能平。

姚平仲謀劫虜寨，欽廟以詢种彝叔，彝叔持不可甚堅。及平仲敗，彝叔乃請速再擊之，曰：「今必勝矣。」或問：「平仲之舉爲虜所笑，奈何再出？」彝叔曰：「此所以必勝也。」然朝廷方上下震懼，無能用者。〔八〕彝叔可謂知兵矣。

綦翰林叔厚謝宫祠表云：「雜宫錦於漁簑，敢忘君賜；話玉堂于茆舍，更覺身榮。」時歎其工。又有一表云：「欲挂衣冠，尚低回于末路；未先犬馬，儻邂逅於初心。」尤佳。

祕書新省成，徽廟臨幸，孫叔詣參政作賀表云：「蓬萊道山，一新羣玉之搆；勾陳羽衛，共仰六飛之臨。」同時無能及者。

錢遜叔侍郎，少時泝汴，舟敗溺水，流二十里，遇救得不死，旬日猶苦腰痛，不悟其故。視之，有手迹大如扇，色正青，五指及掌宛然可識，若擘其腰間者。此其所以不死也耶？

遼相李儼作黄菊賦，獻其主耶律弘基。弘基作詩題其後以賜之，云：「昨日得卿黄菊賦，碎翦金英填作句。袖中猶覺有餘香，冷落西風吹不去。」

會稽法雲長老重喜，爲童子時，初不識字，因埽寺廊，忽若有省，遂能詩。其警句云：「地爐無火客囊空，雪似楊花落歲窮。拾得斷麻縫壞衲，不知身在寂寥中。」程公闢修撰守會稽，聞喜名，一日召之與游蕺山上方院，索詩。喜卽吟云：「行到寺中寺，坐觀山外山。」蓋戲用公闢體也。

吕吉甫在北都，甚愛晁之道。〔九〕之道方以元符上書謫官，吉甫不敢薦，謂曰：「君才如此，乃自陷罪籍，可惜也。」之道對曰：「詠之無他，但没著文章處耳。」其恃氣不撓如此。

晁之道與其弟季比同應舉，之道獨拔解。時考試官葛某眇一目，之道戲作詩云：「没興主司逢葛八，賢弟被黜兄薦發。細思堪羨又堪嫌，〔一〇〕一壁有眼一壁瞎。」〔一一〕

張文潛生而有文在其手，曰「耒」，故以爲名，而字文潛。

張文潛虎圖詩云：「煩君衛吾寢，起此蓬蓽陋。坐令盜肉鼠，不敢窺白晝。」譏其似猫也。

白樂天有忠州木蓮詩。予遊臨邛白鶴山寺，佛殿前有兩株，其高數丈，葉堅厚如桂，以仲夏發花，〔三〕狀如芙蕖，香亦酷似。寺僧云：「花拆時有聲如破竹。」然一郡止此二株，不知何自至也。成都多奇花，亦未嘗見。

舊制，兩省中書在門下之上，元豐易之。

舊制，丞相署敕皆著姓，官至僕射則去姓。元豐新制，以僕射爲相，故皆不著姓。

徐敦立言：往時士大夫家，婦女坐椅子兀子，則人皆譏笑其無法度。梳洗床、火爐床家家有之，今猶有高鏡臺，蓋施床則與人面適平也。或云禁中尚用之，特外間不復用爾。

頃歲駁放秦塤等科名，方集議時，中司誤以「駁」爲「剝」。衆雖知其非，畏中司者護前，遂皆書曰「剥」，可以一笑。

余深罷相，居福州，第中有荔枝，初實絶大而美，名曰「亮功紅」。「亮功」者，深家御書閣名也。靖康中，深謫建昌軍。既行，荔枝不復實。明年，深歸，荔枝復如故。乃知世間富貴人皆有陰相之者。

紹聖中，蔡京館遼使李儼，蓋泛使者，留館頗久。一日，儼方飲，忽持盤中杏曰：「來未花開，如今多幸。」京即舉梨謂之曰：「去雖葉落，未可輕離。」宣和末，黄安時曰：「亂作不過一二年矣。天使蔡京八十不死，病亟復蘇，是將使之身受禍也。天下其能久無事乎！」

唐拾遺耿緯下邽喜叔孫主簿鄭少府見過詩云：「不是仇梅至，何人問百憂。」蘇子由作績溪令時，有贈同官詩云：「歸報仇梅省文字，麥苗含穟欲蠶眠。」蓋用緯語也。近歲均州版本，輒改爲「仇香」。

僧宗昂住會稽能仁寺。有故相寓寺中，已而復相，宗昂被敕住持。郎官馬子約題詩法堂壁間曰：「十年衰病卧林泉，鵷鷺羣飛競刺天。黄紙除書猶到汝，固知清世不遺賢。」

慎東美字伯筠，秋夜待潮于錢塘江，沙上露坐，設大酒樽及一杯，〔三〕對月獨飲，意象傲逸，吟嘯自若。顧子敦適遇之，亦懷一杯，就其樽對酌。伯筠不問，子敦亦不與之語。酒盡各散去。伯筠工書，王逢原贈之詩，極稱其筆法，有曰：「鐵索急纏蛟龍僵。」蓋言其老勁也。東坡見其題壁，亦曰：「此有何好，但似篾束枯骨耳。」伯筠聞之，笑曰：「此意逢原已道了。」今惟丹陽有戴叔倫碑，是其遺迹。

予爲福州寧德縣主簿，入郡，過羅源縣走馬嶺，見荆棘中有崖石，刻「樹石」二大字，奇古可愛。卽令從者薙除觀之，乃「才翁所賞樹石」六字，〔一四〕蓋蘇舜元書也。因以告縣令項膺服善，作欄楯護之云。

銅色本黄，古鐘鼎彝器大抵皆黄銅耳。今人得之地中者，歲久色變，〔一五〕理自應耳。今郊廟所製，乃以藥熏染令蒼黑，此何理也？

曾子開封曲阜縣子，謝任伯封陽夏縣伯。曲阜今仙源縣，〔一六〕陽夏今城父縣，方疏封時，已無二縣矣，司封殆失職也。

蔡京爲太師，賜印文曰「公相之印」，因自稱「公相」。童貫亦官至太師，都下人謂之「媪相」。

館職常苦俸薄，而吏人食錢甚厚。周子充作正字時，嘗戲曰：「豈所謂省官不如省吏耶？」都下舊謂館職爲省官，故云。

趙相初除都督中外軍事，孫叔詣參政時爲學士，〔一七〕當制，請曰：「是雖王導故事，然若兼中外，則雖陛下禁衛三衙皆統之，〔一八〕恐權太重，非防微杜漸之意。」乃改爲都督諸路軍馬。制出，趙乃知之，頗不樂。

吕居仁詩云：「蠟燼堆盤酒過花。」世以爲新。司馬温公有五字云：「煙曲香尋篆，盃深酒過花。」居仁蓋取之也。

茶山先生云：「徐師川擬荆公『細數落花因坐久，緩尋芳草得歸遲』，云：『細落李花那可數，偶行芳草步因遲。』初不解其意，久乃得之。蓋師川專師陶淵明者也。淵明之詩，皆適然寓意而不留於物，如『悠然見南山』，東坡所以知其決非望南山也。今云細數落花，緩尋芳草，留意甚矣，故易之。」又云：「荆公多用淵明語而意異，如『柴門雖設要常關。雲尚無心能出岫』。〔一九〕要字能字，皆非淵明本意也。」

傅丈子駿奏事，誤稱名，退而移文閤門，請彈奏。閤門以殿上語非有司所得聞，不受，子駿乃自劾。詔放罪。

從舅唐仲俊，年八十五六，極康寧。自言少時因讀千字文有所悟，謂「心動神疲」四字也，平生遇事未嘗動心，故老而不衰。

永清軍者，貝州也。王則據州叛，既平，改州曰恩州，而削其節鎮。及宣和中復幽州，乃建爲永清軍節度，以命郭藥師。藥師果亦叛，蓋不祥也。

紹聖中，貶元祐人蘇子瞻儋州，子由雷州，劉莘老新州，皆戲取其字之偏旁也。時相之忍忮如此。

魯直詩有題扇「草色青青柳色黄」一首，唐人賈至、趙嘏詩中皆有之。山谷蓋偶書扇上耳。至詩中作「吹愁去」，嘏詩中作「吹愁却」，却字爲是。蓋唐人語，猶云「吹却愁」也。

周子充言：退之黄陵廟碑辨「陟方」事，非也。古蓋謂適遠爲陟，書曰：「若陟遐必自邇。」猶今人言上路也。豈得云南方地勢下耶？

常瓌字子然，河朔人，本農家。一村數十百家皆常氏，多不通譜。子然既爲御史，一村之人名皆從玉，雖走史鈴下皆然，〔三〕無如之何。子然乃名子曰任、佚、美、向，謂周任、史佚、子美、叔向也，意使人不可效耳。

湯丞相封慶國公，命下，湯公謂此仁宗賜履之國，自天聖以來，無封者，欲請避之。或曰：「何執中嘗封慶國公矣。」湯公曰：「執中不知引避，此何足爲法哉！」卒辭之，改封岐。

古所謂長夜之飲，或以爲達旦，非也。薛許昌宮詞云：「畫燭燒闌煖復迷，殿帷深密下銀泥。開門欲作侵晨散，已是明朝日向西。」此所謂長夜之飲也。

王逸少筆經曰：「有人以緑沉漆竹管及鏤管見遺。」老杜所謂「苔臥緑沉槍」，蓋謂是也。

歐陽公、梅宛陵、王文恭集，皆有小桃詩。歐詩云：「雪裏花開人未知，摘來相顧共驚疑。便當索酒花前醉，〔二〕初見今年第一枝。」初但謂桃花有一種早開者耳。及遊成都，始識所謂小桃者，上元前後卽著花，狀如垂絲海棠。曾子固雜識云：「正月二十間，〔三〕天章閣賞小桃。」正謂此也。

王定國素爲馮當世所知，而荆公絶不樂之。一日，當世力薦于神祖，荆公卽曰：「此孺子耳。」當世忿曰：「王鞏戊子生，安得謂之孺子！」蓋鞏之生與同天節同日也。荆公愕然，不覺退立。

汪彦章草赦書，敍軍興征斂，其詞云：「八世祖宗之澤，豈汝能忘；一時社稷之憂，非予獲已。」最爲精當。人以比陸宣公興元赦書。然議者謂自太祖至哲宗方七世，若并道君數之，又不應曰「祖宗」，彦章亦悔之。信乎文之難也。

童汪錡能執干戈以衞社稷，本謂幼而能赴國難耳，非姓童也。翟公巽作童貫告詞云「爾祖汪錡」，誤也，或云故以戲之。

劉長卿詩曰「千峰共夕陽」，佳句也。近時僧癩可用之云：「亂山爭落日。」雖工而窘，不迨本句。

李後主落花詩云：「鶯狂應有限，蝶舞已無多。」未幾亡國。宋子京亦有落花詩，云：「香隨蜂蜜盡，紅入燕泥乾。」亦不久下世。詩讖蓋有之矣。

隋唐嘉話云：「崔日知恨不居八座。及爲太常卿，於廳事後起一樓，正與尚書省相望，時號『崔公望省樓』。」又小説載：御史久次不得爲郎者，道過南宫，輒回首望之，俗號「拗項橋」。如此之類，猶是謗語。予讀鄭畋作學士時金鑾坡上南望詩，云：「玉晨鐘韻上空虛，畫戟祥煙擁帝居。極目向南無限地，緑煙深處認中書。」則其意著矣。乃知朝士妄想，自古已然，可付一笑。

今世所道俗語，多唐以來人詩。「何人更向死前休」，韓退之詩也；「林下何曾見一人」，靈澈詩也；「長安有貧者，爲瑞不宜多」，羅隱詩也；「世亂奴欺主，年衰鬼弄人」，「海枯終見底，人死不知心」，杜荀鶴詩也；「事向無心得」，章碣詩也；「但有路可上，更高人也行」，龔霖詩也；「忍事敵災星」，司空圖詩也；「一朝權入手，看取令行時」，朱灣詩也；「自己情雖切，他人未肯忙」，裴説詩也；「但知行好事，莫要問前程」，馮道詩也；「在家貧亦好」，戎昱詩也。

漢隸歲久風雨剥蝕，故其字無復鋒鋩。近者杜仲微乃故用禿筆作隸，自謂得漢刻遺法，豈其然乎！

曾子宣丞相嘗排蔡京于欽聖太后簾前。太后不以爲然，曾公論不已，太后曰：「且耐辛苦。」蓋禁中語，欲遣之使退，則曰「耐辛苦」也。京已出，太原復留。〔三〕

趙正夫丞相薨，車駕臨幸。夫人郭氏哭拜，請恩澤者三事，其一乃乞于謚中帶一「正」字。餘二事皆卽許可，惟賜謚事獨曰：「待理會。」平時徽廟凡言「待理會」者，皆不許之詞也。正夫遂謚清憲。

富鄭公初請功德院，得勑額曰「奉親」。已而乃作兩院，共用一名，謂之南奉親院、北奉親院。

陳魯公薨，以其遭際龍飛，又薨于位，與王岐公同，于是詔用岐公元豐末贈典，超贈太師，其他恩數皆視岐公，猶可也，及其家請謚，遂特賜謚曰文恭，蓋亦用岐公謚。用他人之謚以爲恩數，自古烏有此事哉！

諺有曰「濮州鐘」，世不知爲何等語。嘗有人死，見陰官，濮州人也，問以此，亦不能對。予案，此事見周世宗實録：顯德六年二月丁丑，幸太清觀。先是，乾明門外修太清觀成，上聞濮州有大鐘，聲聞十里，乃命徙之，以賜是觀，至是往觀焉。

予參成都議幙，攝事漢嘉，一見荔子熟。時凌雲山、安樂園皆盛處，糾曹何預元立、法曹蔡迨肩吾皆佳士，日相與同槃桓。〔二四〕薛許昌亦嘗以成都幙府來攝郡，未久罷去，故其荔枝詩曰：「歲杪監州曾見樹，時新入座但聞名。」蓋恨不及時也。每與二君誦之。

東坡守杭，法外刺配顔巽父子。御史論爲不法，累章不已。蘇公雖放罪，而顔巽者竟以朝旨放自便。自是豪猾益甚，以藥塗鹽鈔而用，既毁抹，賂主者浸洗之。藥盡去而鈔不傷〔二五〕，雖老于其事者，不能辨。他不法尤衆。有司稍按治，輒劫持之曰：「某官乃元祐奸黨，蘇某親舊，故觀望害我。」一公形狀牒。時治黨籍方苛峻，雖監司郡守，得其牒，輒畏縮，解縱乃已。大觀中，胡奕修爲提舉鹽事，會計已毁抹鹽鈔，得其姦，奏之，黥竄化州，籍没貲産，一方稱快。

天下名山，惟華山、茅山、青城山無僧寺。青城十里外有一寺，曰布金，洪水壞之，今復葺于旁里許。

僧可遵者，詩本凡惡，偶以「直待衆生總無垢」之句爲東坡所賞，書一絶於壁間。繼之山中道俗隨東坡者甚衆，卽日傳至圓通，遵適在焉，大自矜詡，〔三六〕追東坡至前塗。而塗中又傳東坡三峽橋詩，遵卽對東坡自言：「有一絶，却欲題三峽之後，旅次不及書。」遂朗吟曰：「君能識我湯泉句，我却愛君三峽詩。道得可噉不可漱，幾多詩將豎降旗。」東坡既悔賞拔之誤，且惡其無禮，因促駕去。觀者稱快。遵方大言曰：「子瞻護短，見我詩好甚，故妒而去。」徑至栖賢，欲題所舉絶句。寺僧方礱石刻東坡詩，大詬而逐之。山中傳以爲笑。

校勘記

〔一〕那去聲若云糯　津逮本作「那音糯」。

〔二〕倔强　説部本原作「掘强」，此據津逮本改。

〔三〕杪　説部本原作「秒」，形近而誤，此據津逮本改。

〔四〕曹太皇　説部本「太」誤「大」，此據津逮本改。

〔五〕紫霞殿　津逮本作「紫宸殿」。

〔六〕鈎藤酒　說部本原作「鈞藤酒」，此據津逮本改。

〔七〕蓋　津逮本作「盡」。

〔八〕震懼　津逮本作「震慄」。

〔九〕晁之道　津逮本作「晁以道」。案，晁詠之字之道，見宋史卷四四四，有傳。本條下文及下條「之道」，津逮本皆誤作「以道」。

〔一〇〕堪羡　津逮本作「堪惜」。

〔一一〕一壁瞎　津逮本作「半壁瞎」。

〔一二〕仲夏　說部本原作「中夏」，亦可通此從津逮本。

〔一三〕及　津逮本同，學津本作「懷」。

〔一四〕六　津逮本作「大」。

〔一五〕歲久色變　「色」字說部本脱，此據津逮本補。

〔一六〕仙源縣　說部本「源」作「原」。案，宋史卷八五地理志一京東西路襲慶府有仙源縣，注云：「魏曲阜縣，大中祥符五年改」。則作「源」是。今據津逮本改。

〔一七〕孫叔詣　何校：一本作「孫僅詣」。案，孫近字叔詣，宋高宗紹興十一年曾任參知政事，是年四月改提舉洞霄宮。可參見南宋館閣録、宋大臣年表等書。據此，則作「孫叔詣」者爲是，一本作「孫僅詣」者非。

〔一八〕陛下　説部本作「階下」，此從津逮本。

〔一九〕尚　津逮本作「向」。

〔二〇〕鈴下　津逮本作「下令」。

〔二一〕便當　津逮本作「便須」。

〔二二〕間　津逮本作「開」。

〔二三〕太原　各本俱作「太原」，然案上下文意，似當作「太后」；「后」、「原」形近而誤。

〔二四〕日相與同槃桓　津逮本作「相與同樂」。

〔二五〕藥盡去而鈔不傷　津逮本無「去」字。又「鈔不傷」，説部本作「鈔不復」，此從津逮本。

〔二六〕大自矜詡　説部本作「大自矜」。此據津逮本補。

老學庵筆記卷五

种徵君明逸，既隱操不終，雖驟登侍從，眷禮優渥，然常懼讒嫉。其寄懷詩曰：「予生背時性孤僻，自信已道輕浮名。中途失計被簪紱，目覩寵辱心潛驚。雖從鵷鸞共班序，常恐青蠅微有聲。清風滿壑石田在，終謝吾君甘退耕。」其憂畏如此。又有寄二華隱者詩曰：「我本厭虚名，致身天子庭。不終高尚事，有媿少微星。北闕空追悔，西山羡獨醒。秋風舊期約，何日去冥冥？」然其後卒遭王嗣宗之辱，可以爲輕出者之戒。世傳常夷甫晚年悔仕，亦不足多怪也。

宋太素尚書中酒詩云：「中酒事俱妨，偷眠就黑房。静嫌鸚鵡鬧，渴憶荔枝香。病與慵相續，心和夢尚狂。從今改題品，不號醉爲鄉。」非真中酒者，不能知此味也。

紹興中，有貴人好爲俳諧體詩及箋啓，詩云：「緑樹帶雲山罨畫，斜陽入竹地銷金。」上汪内相啓云：「長楸脱却青羅帔，緑蓋千層；俊鷹解下緑絲絛，青雲萬里。」後生遂有以爲工者。賴是時前輩猶在，雅正未衰，不然與五代文體何異。此事繫時治，忽非細事也。

承平時，鄜州田氏作泥孩兒，名天下，態度無窮，雖京師工效之，莫能及。一對至直十縑，一床至三十千，〔二〕一床者或五或七也。小者二、三寸，大者尺餘，無絶大者。予家舊藏一對卧者，〔三〕有小字云：「鄜時田玘製。」紹興初，避地東陽山中，歸則亡之矣。

隆興間，有揚州帥，貴戚也。宴席間語客曰：「諺謂『三世仕宦，方解著衣喫飯。』僕欲作一書，言衣帽酒殽之制，未得書名。」通判鮮于廣，蜀人，即對曰：「公方立勳業，今必無暇及此。他時功成名遂，均逸林下，乃可成書耳。請先立名曰逸居集。」帥不之悟。有牛簽判者，京東歸正官也，輒操齊音曰：「安撫莫信，此是通判駡安撫飽食煖衣，逸居而無教，則近于禽獸。是甚言語！」帥爲發怒赧面，而通判欣然有得色。

晁子止云：曾見東坡手書四州環一島詩，其間「茫茫太倉中」一句，乃「區區魏中梁」，不知果否。蘇季真云：寄張文潛桄榔杖詩，初本云「酒半消」，其下云：「江邊獨曳桄榔杖，林下閒尋蓽撥苗。」「盛孝章」又誤爲「孝標」。已而悟，故盡易之。雖其家所傳，然去今所行亡字韻殊遠，恐傳之誤也。

范至能在成都，嘗求亭子名，予曰：「思鱸。」至能大以爲佳，時方作墨，即以銘墨背。然不果築亭也。

臨邛夾門鎮，山險處，得瓦棺，長七尺，厚幾二寸，與今木棺略同，但蓋底相反。骨猶不壞。棺外列置瓦器，皆極淳古。時靖康丙午歲也，李知幾及見之。

市人有以博戲取人財者，每博必大勝，號「松子量」，不知何物語也，亦不知其字云何。李端叔爲人作墓志亦用此三字。端叔前輩，必有所據。

今官制：光祿大夫轉銀青，銀青轉金紫，金紫轉特進。五代以前，乃自銀青轉金紫，金紫轉光祿，光祿轉特進。據馮道長樂老序所載甚詳。

莊文太子，初封鄧王。予爲陳魯公、史魏公言，鄧王乃錢俶歸朝後所封；又哲宗之子早薨，亦封鄧王，當避此不祥之名。二公曰：「已降詔，俟郊禮改封可也。」莊文竟早世。

東坡贈趙德麟秋陽賦云：「生于不土之里，而詠無言之詩。」蓋寓「時」字也。

尹少稷强記，日能誦麻沙版本書厚一寸。嘗於呂居仁舍人坐上記曆日，酒一行，記兩月，不差一字。

肅王與沈元用同使虜，館於燕山愍忠寺。暇日無聊，同行寺中，偶有一唐人碑，辭皆偶儷，凡三千餘言。〔三〕元用素强記，即朗誦一再。肅王不視，且聽且行，若不經意。元用歸，欲矜其敏，取紙追書之。不能記者闕之，凡闕十四字。書畢，肅王視之，即取筆盡補其所闕，〔四〕無遺者，又改元用謬誤四五處，置筆他語，略無矜色。元用駭服。

靖康兵亂，宣和舊臣悉已遠竄。黄安時居壽春，歎曰：「造禍者全家盡去嶺外避地，却令我輩横屍路隅耶！」安時卒死於兵，可哀也。

高宗除喪，〔五〕予以禮部郎入讀祝。至几筵殿，蓋帝平日所御處也。殿三間，〔六〕殊非高大，陳列几席、椸枷之類，亦與常人家不甚相遠。猶想見高廟之儉德也。

「夜涼疑有雨，院静似無僧」，潘逍遥詩也。

田登作郡，自諱其名，觸者必怒，吏卒多被榜笞。於是舉州皆謂燈爲火。上元放燈，許人入州治遊觀。吏人遂書榜揭于市曰：「本州依例放火三日。」

劉隋州詩：「海内猶多事，天涯見近臣。」言天下方亂，思見天子而不可得，得天子近臣亦足自慰矣。見天子近臣已足自慰，況又見之于天涯乎！其愛君憂國之意，鬱然見于言外。

紹興間，復古殿供御墨，蓋新安墨工戴彥衡所造。自禁中降出雙角龍文，或云米友仁侍郎所畫也。中官欲于苑中作墨竈，取西湖九里松作煤。〔七〕彥衡力持不可，曰：「松當用黄山所産，此平地松豈可用！」人重其有守。

祖母楚國夫人，大觀庚寅在京師病累月，醫藥莫效，雖名醫如石藏用輩皆謂難治。一日，有老道人狀貌甚古，銅冠緋氅，一丫髻童子操長柄白紙扇從後。過門自言：「疾無輕重，一灸立愈。」先君延入，問其術。道人探囊出少艾，取一甎灸之。祖母方卧，忽覺腹間痛甚，如火灼。道人遂徑去，曰「九十歲」。追之，疾馳不可及。祖母是時未六十，復二十餘年，年八十三，乃終。祖母没後，又二十年，從兄子楫監三江鹽場，偶飲酒于一士人毛氏，忽見道人，衣冠及童子，悉如祖母平日所言。方愕然，道人忽自言京師灸甎事，言訖遽遯去，遍尋不可得。毛君云：其妻病，道人爲灸屋柱十餘壯，脱然愈。〔八〕方欲謝之，不意其去也。世或疑神仙，以爲渺茫，豈不謬哉。

齊民要術有鹹杬子法，用杬木皮漬鴨卵。今吴人用虎杖根漬之，亦古遺法。

曹詠爲浙漕，一日坐客言徽州汪王靈異者。詠問汪王若爲對。有唐永夫者在坐，遽曰：「可對曹漕。」詠以爲工，遂愛之。曾覿字純甫，偶歸正官蕭鷓巴來謁。既退，復一客至，其所狎也。因問曰：「蕭鷓巴可對何人？」客曰：「正可對曾鶉脯。」覿以爲嫚己，大怒，與之絶。然「鷓巴」北人實謂之「札八」。

童貫爲太師，用廣南龔澄樞故事；林靈素爲金門羽客，用閩王時譚紫霄故事。嗚呼異哉！

元豐間，建尚書省于皇城之西，鑄三省印。米芾謂印文背戾，不利輔臣。故自用印以來，凡爲相者，悉投竄，善終者亦追加貶削，其免者蘇丞相頌一人而已。蔡京再領省事，遂别鑄公相之印。其後，家安國又謂省居白虎位，故不利。京又因建明堂，遷尚書省于外以避之。然京亦竄死，二子坐誅，其家至今廢。不知爲善而遷省易印以避禍，亦愚矣哉！

王黼作相，請朝假歸咸平焚黄，畫舫數十，沿路作樂，固已駭物論。紹興中，秦熺亦歸金陵焚黄，臨安及轉運司舟舫盡選以行，不足，擇取於浙西一路，凡數百艘，皆窮極丹艧之飾。郡縣監司迎餞，數百里不絶。平江當運河，結綵樓數丈，大合樂官妓舞于其上，縹緲若在雲間，熺處之自若。

秦太師娶王禹玉孫女，故諸王皆用事。有王子溶者，爲浙東倉司官屬，郡宴必與提舉者同席，陵忽玩戲，無不至。〔九〕提舉者事之反若官屬。已而又知吴縣，尤放肆。郡守宴客，初就席，子溶遣縣吏呼伎樂伶人，即皆馳往，無敢留者。上元吴縣放燈，召太守爲客，郡治乃寂無一人。又嘗夜半遣廳吏叩府門，言知縣傳語，必面見。〔一〇〕守醉中狼狽，〔一一〕攬衣秉燭出問之。乃曰：「知縣酒渴，聞有鹹虀，欲覓一甌。」其陵侮如此。守亟取，遣人遺之，〔一二〕不敢較也。

司馬安四至九卿，當時以爲善宦，以今觀之，則謂之拙宦可也。彼汩喪廉恥，廣爲道徑者，不數年至公相矣，安用四至九卿哉！

蔡京賜第，有六鶴堂，高四丈九尺，人行其下，望之如蟻。

故都里巷間，人言利之小者曰「八文十二」。謂十爲諶，蓋語急，故以平聲呼之。白傳詩曰：「緑浪東西南北路，紅欄三百九十橋。」宋文安公宮詞曰：「三十六所春宮館，二月香風送管絃。」〔一三〕晁以道詩亦云：「煩君一日殷勤意，示我十年感遇詩。」則詩家亦以十爲諶矣。

周宇文護與母閻書曰：「受形稟氣，皆知母子。誰知薩保如此不孝。」此乃對母自稱小名。南齊武帝崩，鬱林王即位，明帝謀廢立，右僕射王晏盡力助之。從弟思遠謂晏曰：「兄荷武帝厚恩，一旦贊人如此事，何以自立？」因勸之引決。及晏拜驃騎，謂思遠兄思徵曰：「隆昌之末，阿戎勸我自裁。若用其語，豈有今日！」思遠曰：「如阿戎所見，猶未晚也。」此乃對兄自稱小名。畢景儒幕府燕閒録載：「蘇易簡初及第時，與母書，自稱岷岷。」亦小名也。從伯父右司，小名馬哥，在京師省祖母楚國夫人。出上馬矣，楚國偶有所問，自出屏後呼「馬哥」。親事官聞之，白伯父曰：「夫人請吏部。」蓋此輩亦習聞之也。今吴人子弟稍長，便不欲人呼其小名，雖尊者亦以行第呼之矣。〔四〕風俗日薄，如此奈何。

宋白石燭詩云：「但喜明如蠟，何嫌色似黳。」燭出延安，予在南鄭數見之。其堅如石，照席極明。亦有淚如蠟，而煙濃，能熏汙帷幕衣服，故西人亦不貴之。

胡基仲嘗言：「韓退之石鼓歌云『羲之俗書趁姿媚』，狂肆甚矣。」予對曰：「此詩至云『陋儒編詩不收入，二雅褊迫無委蛇』，其言羲之俗書，未爲可駭也。」基仲爲之絶倒。

王廣津宫詞云：「新睡起來思舊夢，見人忘却道勝常。」勝常猶今婦人言萬福也。前輩尺牘有云「尊候勝常」者，勝字當平聲讀。

拄杖，斑竹爲上，竹欲老瘦而堅勁，斑欲微赤而點疎。賈長江詩云：「揀得林中最細枝，結根石上長身遲。莫嫌滴瀝紅斑少，恰是湘妃淚盡時。」善言拄杖者也。然非予有此癖，〔一五〕亦未易賞音。

唐韓翃詩云：「門外碧潭春洗馬，樓前紅燭夜迎人。」近世晏叔原樂府詞云：「門外緑楊春繫馬，床前紅燭夜呼盧。」氣格乃過本句，不謂之剽可也。

張文昌成都曲云：「錦江近西煙水緑，新雨山頭荔枝熟。萬里橋邊多酒家，遊人愛向誰家宿？」此未嘗至成都者也。成都無山，亦無荔枝。蘇黄門詩云：「蜀中荔枝出嘉州，其餘及眉半有不。」蓋眉之彭山縣已無荔枝矣，況成都乎！

先太傅自蜀歸，道中遇異人，自稱方五。見太傅曰：「先生乃西山施先生肩吾也。」遂授道要。施公，睦州桐廬人，太傅晚乃自睦守挂冠，蓋有緣契矣。

張文昌紗帽詩云：「惟恐被人偷翦樣，不曾閒戴出書堂。」皮襲美亦云：「借樣裁巾怕索將。」王荆公于富貴聲色，略不動心，得耿天隲憲竹根冠，愛詠不已。予雅有道冠、拄杖二癖，〔一六〕每自笑歎，然亦賴古多此賢也。

故都時，御爐炭率斲作琴樣，胡桃紋，鵓鴿青。高宗紹興初，巡幸臨安，詔嚴州進炭，止令用土産，勿拘舊制。

東坡自儋耳歸，至廣州舟敗，亡墨四篋，平生所寶皆盡，僅於諸子處得李墨一丸、潘谷墨兩丸。自是至毗陵捐館舍，所用皆此三墨也。此聞之蘇季真云。

世言東坡不能歌，故所作樂府詞多不協。晁以道云：「紹聖初，與東坡别于汴上。東坡酒酣，自歌古陽關。」則公非不能歌，但豪放不喜裁翦以就聲律耳。

山谷水仙花二絶「淡掃蛾眉篸一枝」及「只比江梅無好枝」者，見于李端叔集中，然非端叔所及也。〔一七〕賀方回作王子開挽詞「和璧終歸趙，干將不葬吴」者，見于秦少游集中。子開大觀己丑卒于江陰，而返葬臨城，故方回此句爲工，時少游已没十年矣。水仙花則不可考，然氣格似山谷晚作，不類端叔也。

吴武安玠葬德順軍隴干縣，今雖隔在虜境，松楸甚盛，歲時祀享不輟，虜不敢問也。玠謚武安，而梁益間有廟，賜額曰「忠烈」。故西人至今但謂之吴忠烈云。

姚福進者，兕麟之祖也，德順軍人，以挽强名於秦隴間。至今西人謂其族爲姚硬弓家。

曲端、吴玠，建炎間有重名于陝西，西人爲之語曰：「有文有武是曲大，有謀有勇是吳大。」端能書，〔一八〕今閬中錦屏山壁間有其書，奇偉可愛。

成都江瀆廟北壁外，畫美髯一丈夫，據銀胡床坐，從者甚衆，邦人云：「蜀賊李順也。」

邛州僧寺中版壁有趙諗題字。字既凡惡，語亦淺拙，不知當時何以中第如此之高。蓋希時事力詆元祐，故有司不復計其文之工拙也。

永康軍導江縣迎祥寺有唐女真吳彩鸞書佛本行經六十卷。予嘗取觀之，字亦不甚工，然多闕唐諱。或謂真本，爲好事者易去，此特唐經生書耳。

利州武后畫像，其長七尺。成都有孟蜀時后妃祠堂，亦極脩偉，絶與今人不類。

福州大支提山有吳越王紫袍，寺僧升椅子舉其領猶拂地，兩肩有汗迹。

老杜海椶詩，在左緜所賦，今已不存。成都有一株，在文明廳東廊前，正與制置司簽廳門相直。簽廳乃故錦官閣。聞潼川尤多，予未見也。

成都石筍，其狀與筍不類，乃累疊數石成之。所謂海眼，亦非妄；瑟瑟，至今有得之者。蜀食井鹽，如仙井大寧猶是大穴，若榮州則井絶小，僅容一竹筒，真海眼也。石犀在廟之東階下，亦粗似一犀。正如陝之鐵牛，但望之大概似牛耳。石犀一足不備，以他石續之，氣象甚古。

承平日，甚重宫觀。宣和中，晁以道知成州，有請，吏部報云：「照會本官，歷任已曾任宫觀，不合再有陳乞。」遂致仕而歸。

唐夔州在白帝城，地勢險固。本朝太平興國中，丁晉公爲轉運使，始遷於瀼西。瀼西地平不可守，又置瞿唐關使，於白帝屯兵，下臨瀼西。使有事，宜多置兵，則夔帥不能親將，指臂倒置；若少置兵則關先不守，夔州必隨以破，可謂失策。大抵當時蜀已平，乃移夔州；晉已平，乃移太原，皆不可曉。若使晉、蜀復爲豪傑所得，彼能據一國，獨不能復徙一城以就形勝耶？若雖有外寇，而其地尚爲我有，乃捨險就易，此何理也。

忠州在陝路，與萬州最號窮陋，豈復有爲郡之樂？白樂天詩乃云：「唯有緑樽紅燭下，暫時不似在忠州。」又云：「今夜酒醺羅綺煖，被君融盡玉壺冰。」以今觀之，忠州那得此光景耶？當是不堪司馬閒冷，驟易刺史，故亦見其樂爾。可憐哉！

曾子宣、林子中在密院，爲哲廟言：「章子厚以隱士帽、紫直掇，繫條見從官，從官皆朝服。其强肆如此。」上曰：「彼見蔡京亦敢爾乎？」京時爲翰林學士，不知何以得人主待之如此，真奸人之雄也。

祖宗故事：命官鏁廳舉進士者，先所屬選官考試所業，通者方聽取解。至省試程文紕繆者，勒停；不合格者，亦贖銅放，永不得應舉。天聖間，方除前制。然未久，又詔文臣許鏁廳兩次，武臣止許一次，其嚴如此。近歲泛許人應博學宏辭，遂有妄以此自稱。或假手作所業獻禮部，亦許試。而程文繆不可讀，亦無以懲之，殆非也。

秦所作鄭白二渠，在今京兆府之涇陽，皆以涇水爲源。白渠灌涇陽、高陵、櫟陽及耀州雲陽、三原、富平，凡六縣。斗門百七十餘所，今尚存，然多廢不治。鄭渠所灌尤廣袤，數倍於白渠。涇水乃絶深，不能復入渠口，渠岸又多摧圮填淤，比之白渠，尤不可措手矣。

唐人喜赤酒、甜酒、灰酒，皆不可解。李長吉云：「琉璃鍾，琥珀濃，小槽酒滴真珠紅。」白樂天云：「荔枝新熟雞冠色，燒酒初開琥珀香。」杜子美云：「不放香醪如蜜甜。」陸魯望云：「酒滴灰香似去年。」

李虛己侍郎，字公受，少從江南先達學作詩，後與曾致堯倡酬。曾每曰：「公受之詩雖工，恨啞耳。」虛己初未悟，久乃造入。以其法授晏元獻，元獻以授二宋，自是遂不傳。然江西諸人，每謂五言第三字、七言第五字要響，亦此意也。

沈義倫謚恭惠，〔一九〕其家訴於朝，欲帶一「文」字，議者執不可而止。張知白謚文節，御史王嘉言請改謚文正，王孝先爲相，亦不肯改。歐陽文忠公初但謚文，蓋以配韓文公。常夷甫方兼太常，晚與文忠相失，乃獨謂公有定策功，當加忠字，〔二〇〕實抑之也。李邦直作議，不能固執，公論非之。當時士大夫相謂曰：「永叔不得謚文公，此謚必留與介甫耳。」其後信然。

本朝進士，初亦如唐制，兼採時望。真廟時，周安惠公起，始建糊名法，一切以程文爲去留。

李允則，真廟時知滄州。虜圍城，城中無礮石，乃鑿冰爲礮，虜解去。近時陳規守安州，以泥爲礮，城亦終不可下。

信州龍虎山漢天師張道陵後世，襲虛靜先生號，蠲賦役，自二十五世孫乾曜始，時天聖八年也。今黃冠輩謂始於三十二代，非也。又獨謂三十二代爲張虛靜，亦非也。

校勘記

〔一〕三十千　津逮本作「直十千」。

〔二〕一對　津逮本無「對」字。

〔三〕凡三千餘言　津逮本作「凡二千餘言」。

〔四〕取筆　津逮本作「舉筆」。

〔五〕高宗　説部本誤作「高錢」，此據津逮本改。

〔六〕殿三間　津逮本作「殿三楹」。

〔七〕西湖　説部本、津逮本俱作「四湖」，此從學津本。

〔八〕脱然愈　津逮本「脱」字上有「病」字。

〔九〕無不至　津逮本作「無所不至」。

〔一〇〕必　津逮本作「必請」。

〔一一〕守醉中　津逮本無「醉中」二字。

〔一二〕遣人　津逮本無此二字。

〔一三〕二月香風送管絃　津逮本作「一一香風送管絃」。

〔一四〕亦以行第呼之　説部本無「呼」字，據津逮本補。

〔一五〕癖　説部本原作「辯」。按下文「張文昌紗帽詩」條云「予雅有道冠、拄杖二癖」，此當從津逮本作「癖」。

〔一六〕拄杖　説部本作「往杖」，誤。此據津逮本改。

〔一七〕然　津逮本作「恐」。

〔一八〕端　津逮本、何校作「玠」。

〔一九〕沈義倫　「倫」，説部本原作「倹」。案，宋史卷二六四沈倫傳，倫本名義倫，卒謚恭惠，與此處所載合。則作「倫」是，今據津逮本改。

〔二〇〕加　説部本作「以」，此從津逮本。

老學庵筆記卷六

太宗朝，胡祕監周甫貶坊州團練副使，〔一〕擅離徙所，至鄜州謁宋太素尚書，〔二〕被劾，特置不問。元祐中，陳正字無已爲徐州教官，亦擅離任至南京別東坡先生。諫官彈之，亦不加罪。祖宗優待文士如此。

今上初登極，周丞相草儀注，稱「新皇帝」，蓋創爲文也。

歐陽公記開寶錢文曰「宋通」。予按：周顯德錢文曰「周通」，故國初因之，亦曰「宋通」。建隆、乾德中皆然，不獨開寶也。至太平興國以後，乃以年號爲錢文，至今皆然。歐公又謂寶元錢文曰「皇宋」。按實録所載亦同，然今錢中又有云「聖宋」者，大小錢皆有之。大錢折二，始於熙寧，則此名乃或出於熙寧以後矣。

周世宗時，李景奉正朔，上表自稱唐國主，而周稱之曰江南國主。國書之制曰：「皇帝致書恭問江南國主。」又以「君」字易「卿」字。至藝祖，於李煜則遂賜詔如藩方矣。仁宗時，册命趙元昊爲夏國主，蓋用江南故事。然亦賜詔，凡言及「卿」

字處，即闕之，亦或以「國主」代「卿」字。當時必有定制，然不盡見於國史也。

歐陽文忠公立論易繫辭當爲大傳，蓋古人已有此名，不始於公也。有黠僧遂投其好，僞作韓退之與僧大顛書，引繫辭謂之易大傳，以示文忠公。公以合其論，遂爲之跋曰：「此宜爲退之之言。」予嘗得此書石刻，語甚鄙，不足信也。

今僧寺輒作庫質錢取利，謂之「長生庫」，至爲鄙惡。予按梁甄彬嘗以束苧就長沙寺庫質錢，後贖苧還，於苧束中得金五兩，〔三〕送還之，則此事亦已久矣。庸僧所爲，古今一揆，可設法嚴絶之也。〔四〕

先君入蜀時，至華之鄭縣，過西溪。唐昭宗避兵嘗幸之，其地在官道旁七八十步，澄深可愛；亭曰西溪亭，蓋杜工部詩所謂「鄭縣亭子澗之濱」者。亭旁古松間，支徑入小寺，外弗見也。有枏木版揭梁間甚大，書杜詩，筆亦雄勁，體雜顔、柳，不知何人書，墨挺然出版上甚異。或云墨着枏木皆如此。

宗正卿、少卿，〔五〕祖宗因唐故事，必以國姓爲之，然不必宗室也。元豐中，始兼用庶姓。而知大宗正事，設官始於濮安懿王，〔六〕始權任甚重，頗鐫損云。

京師溝渠極深廣，亡命多匿其中，自名爲「無憂洞」。甚者盜匿婦人，又謂之「鬼樊樓」。〔七〕國初至兵興，常有之，雖才尹不能絶也。

祥符東封，命王欽若、趙安仁並判兖州，二公皆見任執政也；慶曆初，西鄙未定，命夏竦判永興，陳執中、范雍知永興，一州二守，一府三守，不知當時如何分職事？既非長貳，文移書判之類必有程式，官屬胥吏何所稟承，國史皆不載，莫可考也。然當時諫官御史不以爲非，諸公受之亦不力辭，豈在其時亦爲便於事耶？宣和中復幽州，以爲燕山府，蔡靖知府，郭藥師同知。既增「同」字，則爲長貳，與慶曆之制不同。

晁以道讀魏書，以爲魏收獨無刑禍，既以壽終，又贈司空、尚書左僕射，謚文貞，以此攻韓退之避脩史之説。然收死後，竟以史筆多憾於人。齊亡之歲，冢被發，棄骨於外，得禍亦不輕矣。

王荆公父名益，故其所著字説無「益」字。蘇東坡祖名序，故爲人作序皆用「敍」字；又以爲未安，遂改作「引」，而謂「字序」曰「字説」。張芸叟父名蓋，故表中云：「此乃伏遇皇帝陛下。」今人或效之，非也。

古謂帶一爲一腰，猶今謂衣爲一領。周武帝賜李賢御所服十三環金帶一腰是也。近世乃謂帶爲一條，語頗鄙，不若從古爲一腰也。

黄巢之入長安，僖宗出幸。豆盧瑑、〔八〕崔沆、劉鄴、于琮、裴諗、趙濛、李溥、李湯皆守節，至死不變。鄭綦、鄭係，義不臣賊，舉家自縊而死。以靖康京師之變言之，唐猶爲有人也。

晉語兒、人二字通用。世説載桓温行經王大將軍墓，望之曰：「可兒，可兒。」蓋謂「可人」爲「可兒」也。故晉書及孫綽與庾亮牋，〔九〕皆以爲「可人」。〔一〇〕又陶淵明不欲束帶見鄉里小兒，亦是以「小人」爲「小兒」耳，故宋書云「鄉里小人」也。

晉人所謂「不意永嘉之末，復聞正始之音」，永嘉、正始，乃魏、晉年名。胡武平上吕丞相啓云：「手提天鐸，鏘正始之遺音；夢授神椽，擯奪朱之亂色。」蓋不悟正始爲年名也。

俗説唐、五代間事，每及功臣，多云「賜無畏」，其言甚鄙淺。予兒時聞之，每以爲笑。及觀韓偓金鑾密記云：「面處分，自此賜無畏，兼賜金三十兩。」又云：「已曾賜無畏，卿宜凡事皆盡言。」直是鄙俚之言亦無畏。以此觀之，無畏者，許之無所畏憚也。然君臣之間，乃許之無所畏憚，是何義理？必起於唐末耳。

國初，舉人對策皆先寫策題，然策題不過一二十句。其後策題寖多，而寫題如初，舉人甚以爲苦。慶曆初，賈文元公爲中丞，始奏罷之。

故事，臺官無侍經筵者。賈文元公爲中丞，仁祖以其精於經術，特召侍講邇英，自此遂爲故事。秦會之當國時，諫官御史必兼經筵，而其子熺亦在焉。意欲搏擊者，輒令熺於經筵侍對時諭之，經筵退，彈文即上。

予與尹少稷同作密院編脩官，時陳魯公、史魏公爲左右相。一日，過堂見魯公，語少款，少稷忽曰：「穡便難活。」相公面上人又云：穡是右相薦，右相面上人又云：穡是相公鄉人，處處爲人關防。魯公笑答云：「康伯往年使虜，有李愈少卿者，來迓客，自言『漢兒』也。云：『女真、契丹、奚皆同朝，只漢兒不好。北人指曰漢兒，南人却駡作番人。』愈之言，無乃與君類耶？」一座皆笑。

吴處厚字伯固，既上書告蔡新州詩事，自謂且顯擢。時已爲漢陽守，比秩滿，僅移衛州。予少時嘗見其謝表，曰：「今李常已移成都，則餘人次第復用。臣有兩子一壻，俱是選人，到處撞見寃讎，何人更肯提挈？」處厚本能文，而表辭鄙淺如此者，意謂太母見之易曉爾。

王黼在翰苑，嘗病疫危甚，國醫皆束手。二妾曰豔娥、素娥，侍疾坐於足。素娥泣曰：「若内翰不諱，我輩豈忍獨生！惟當俱死爾。」豔娥亦泣，徐曰：「人生死有命，固無可奈何。姊宜自寬。」黼雖昏卧，實具聞之。既愈，素娥專房燕，封至淑人，豔娥遂辭去。及黼誅，素娥者驚悖，〔一一〕不三日亦死，曩日俱死之言遂驗。

蜀老言：紹興初，漕粟嘉陵以餉邊。每一斛至軍中，計其費爲七十五斛。席大光、胡承公爲帥，始議轉船摺運，〔一二〕於是費十減六七。向非二公，蜀已大困矣。故至今蜀人謂承公爲「湖州鏡」。

王性之記問該洽，尤長於國朝故事，莫不能記。對客指畫誦説，動數百千言，退而質之，無一語繆。予自少至老，惟見一人。方大駕南渡，典章一切掃蕩無遺，甚至祖宗謚號亦皆忘失，祠祭但稱廟號而已。又因討論御名，禮部申省言：「未尋得廣韻。」方是時，性之近在二百里内，非獨博記可詢，其藏書數百篋，無所不備，盡護致剡山，當路藐然不問也。

王伯照長於禮樂，歷代及國朝議禮之書悉能成誦，亦可謂一時之傑。紹興末，爲太常少卿，遷禮部侍郎，猶兼少卿事，可謂得人。俄坐臺評去。近時不惜人才至此。

都下買婢，謂未嘗入人家者爲一生人，喜其多淳謹也。予在閩中，〔一三〕與何搢之同閲報狀，見新進驟用者，揩之曰：「渠是一生人，宜其速進。」予怪而詰之，揩之曰：「曾爲朝士者，既爲人所忌嫉，又多謗，故惟新進者常無患。」蓋有激也。

杜詩「夜闌更秉燭」，意謂夜已深矣，宜睡，而復秉燭，以見久客喜歸之意。僧德洪妄云：〔一四〕「更當平聲讀。」烏有是哉！

謝景魚家有陳無已手簡一編，有十餘帖，皆與酒務官託買浮炭者，其貧可知。浮炭者，謂投之水中而浮，今人謂之麩炭，〔一五〕恐亦以投之水中則浮故也。〔一六〕白樂天詩云「日暮半爐麩炭火」，則其語亦已久矣。〔一七〕

四方之音有訛者，則一韻盡訛。如閩人訛「高」字，則謂「高」爲「歌」，謂「勞」爲「羅」；秦人訛「青」字，則謂「青」爲「萋」，謂「經」爲「稽」；蜀人訛「登」字，則一韻皆合口；吴人訛「魚」字，則一韻皆開口，他放此。中原惟洛陽得天地之中，語音最正，然謂「絃」爲「玄」，謂「玄」爲「絃」，謂「犬」爲「遣」，謂「遣」爲「犬」之類，亦自不少。

予遊邛州天慶觀，有陳希夷詩石刻云：「因攀奉縣尹尚書水南小酌回，捨轡特叩松扃，謁高公。茶話移時，偶書二十八字。道門弟子圖南上。」其詩云：「我謂浮榮真是幻，醉來捨轡謁高公。因聆玄論冥冥理，轉覺塵寰一夢中。」末書「太歲丁酉」，蓋蜀孟昶時，當石晉天福中也。天慶本唐天師觀，詩後有文與可跋，大略云：「高公者，此觀都威儀何昌一也。希夷從之學鎖鼻術。」予是日迫赴太守宇文袞臣約飯，不能盡記，後卒不暇再到，至今以爲恨。

予遊大邑鶴鳴觀，所謂張天師鵠鳴化也。其東北絶頂，又有上清宫，壁間有文與可題一絶，曰：「天氣陰陰別作寒，夕陽林下動歸鞍。忽聞人報後山雪，更上上清宫上看。」

京口子城西南月觀，在城上，或云卽萬歲樓。京口人以爲南唐時節度使每登此樓西望金陵，嵩呼遥拜，其實非也。京口記云：晉王恭所作，唐孟浩然有萬歲樓詩，見集中。

「水流天地外，山色有無中」，王維詩也。權德輿晚渡楊子江詩云：「遠岫有無中，片帆烟水上。」已是用維語。歐陽公長短句云：「平山闌檻倚晴空，山色有無中。」詩人至是蓋三用矣。然公但以此句施於平山堂爲宜，初不自謂工也。東坡先生乃云：「記取醉翁語，山色有無中。」則似謂歐陽公創爲此句，何哉？

世言荆公四家詩，後李白，以其十首九首説酒及婦人，恐非荆公之言。白詩樂府外，及婦人者實少，言酒固多，比之陶淵明輩，亦未爲過。此乃讀白詩不熟者，妄立此論耳。四家詩未必有次序，使誠不喜白，當自有故。蓋白識度甚淺，觀其詩中如：「中宵出飲三百杯，明朝歸揖二千石」、「揄揚九重萬乘主，謔浪赤墀金鎖賢」、「王公大人借顔色，金章紫綬來相趍」、「一别蹉跎朝市間，青雲之交不可攀」、「歸來入咸陽，談笑皆王公」、「高冠佩雄劍，長揖韓荆州」之類，淺陋有索客之風。集中此等語至多，世俱以其詞豪俊動人，故不深考耳。又如以布衣得一翰林供奉，此何足道，遂云：「當時笑我微賤者，却來請謁爲交親。」宜其終身坎壈也。

杜牧之作還俗僧詩云[一八]：「雲髮不長寸，[一九]秋寒力更微。獨尋一徑葉，猶挈衲殘衣。日暮千峰裏，不知何日歸。[二〇]」此詩蓋會昌寺廢佛寺時所作也。[二一]又有斫竹詩，亦同時作，云：「寺廢竹色死，官家寧爾留。霜根漸隨斧，風玉尚敲秋。江南苦吟客，何處寄悠悠。」詞意悽愴，蓋憐之也。至李端叔還俗道士詩云：「聞道華陽客，儒衣謁紫微。舊山連藥賣，孤鶴帶雲歸。柳市名猶在，桃源夢已稀。還家見鷗鳥，應媿背船飛。」此道士還俗，非不得已者，故直譏之耳。

聞人茂德言：「沙糖中國本無之。唐太宗時外國貢至，問其使人：『此何物？』云：『以甘蔗汁煎。』用其法煎成，與外國者等。自此中國方有沙糖。」唐以前書傳，凡言及糖者皆糟耳，如糖蟹、糖薑皆是。〔三〕

漢嘉城西北山麓，有一石洞，泉出其間，時聞洞中泉滴聲，良久一滴，清如金石。黄魯直題詩云：「古人題作東丁水，自古丁東直到今。我爲改名方響洞，要知山水有清音。」

成都藥市以玉局化爲最盛，用九月九日。楊文公談苑云七月七日，誤也。

馬鞭擊猫，笻竹杖擊狗，皆節節斷折，物理之不可推者也。

亳州出輕紗，舉之若無，裁以爲衣，真若煙霧。一州惟兩家能織，相與世世爲婚姻，懼他人家得其法也。云自唐以來名家，今三百餘年矣。

禁中有哲宗皇帝宸翰四大字，〔三〕曰「罰弗及嗣」，更無他語。此必紹聖、元符間有欲害元祐黨人子孫者，故帝書此言，祖宗盛德如此。

故老言：大臣嘗從容請幸金明池，哲廟曰：「祖宗幸西池必宴射，朕不能射，不敢出。」又木工楊琪作龍舟，極奇麗。或請一登之，哲廟又曰：「祖宗未嘗登龍舟，但

臨水殿略觀足矣。」後勉一幸金明，所謂龍舟，非獨不登，亦終不觀也。〔二四〕

唐人本謂御史在長安者爲西臺，言其雄劇，以別分司東都，事見劇談録。本朝都汴，謂洛陽爲西京，亦置御史臺，至爲散地，以其在西京，號西臺，名同而實異也。

唐人本以尚書省在大明宮之南，故謂之南省。自建炎軍興，蜀士以險遠，許就制置司類試，與省試同。〔二五〕間有願赴行在省試者，亦聽之。蜀士因謂之赴南省，以大駕在東南也。〔二六〕

北户録云：「廣人於山間掘取大蟻卵爲醬，名蟻子醬。」按此即禮所謂「蚳醢」也，三代以前固以爲食矣。然則漢人以蠹祭宗廟，何足怪哉！

祖宗以來至靖康間，文武臣僚罷官，或服闋，或被罪，敍復到闕，皆有期限。如有故，須自陳給假。至建炎初，以軍興道梗，始有三年之限。後有特許從便赴闕，猶降旨云：「候邊事寧息日依舊。」然遂不復舉行矣。

今人書「某」爲「厶」，皆以爲俗從簡便，其實古「某」字也。穀梁桓二年：「蔡侯、鄭伯會於鄧。」范甯注曰：「鄧，厶地。」陸德明釋文曰：「不知其國，故云厶地，本又作某。」

江鄰幾嘉祐雜志言：「唐告身初用紙，肅宗朝有用絹者，貞元後始用綾。」予在成都見周世宗除劉仁贍侍中告，乃用紙，在金彦亨尚書之子處。

嘉祐雜志云：「峨眉雪蛆治内熱。」予至蜀，乃知此物實出茂州雪山。雪山四時常有積雪，彌遍嶺谷，蛆生其中。取雪時并蛆取之，能蠕動。久之雪消，蛆亦消盡。

會稽鏡湖之東，地名東關，有天花寺。吕文靖嘗題詩云：「賀家湖上天花寺，一一軒牕向水開。不用閉門防俗客，愛閒能有幾人來？」今寺乃在草市通衢中，三面皆民間廬舍，前臨一支港，與詩殊不合，豈陵谷之變遽已如此乎？或謂寺本在湖中，後徙於此。

蘇叔黨政和中至東都，見妓稱「録事」，太息語廉宣仲曰：「今世一切變古，唐以來舊語盡廢，此猶存唐舊爲可喜。」前輩謂妓曰「酒糾」，蓋謂録事也。相藍之東有録事巷，傳以爲朱梁時名妓崔小紅所居。

張真甫舍人，廣漢人，爲成都帥，蓋本朝得蜀以來所未有也。未至前旬日，大風雷，龍起劍南西川門，揭牌擲數十步外，壞「南」字，爪迹宛然，人皆異之。真甫名震。或爲之説曰：元豐末，貢院火，而焦蹈爲首魁，當時語曰「火焚貢院狀元焦」，無能對者，今當以「雷起譙門知府震」爲對。然歲餘，真甫以疾不起。方未病時，府治堂柱生白芝三，諂者謂之玉芝。予按酉陽雜俎「芝白爲喪」，真甫當之。

自元豐官制，尚書省復二十四曹，繁簡絶異。在京師時，有語曰：「吏勳封考，筆頭不倒。户度金倉，日夜窮忙。禮祠主膳，不識判硯。兵職駕庫，典了襪袴。刑都比門，總是冤魂。工屯虞水，白日見鬼。」及大駕幸臨安，喪亂之後，士大夫亡失告身、批書者多；又軍賞百倍平時，賂賄公行，冒濫相乘，饟軍日滋，賦歛愈繁，而刑獄亦衆，故吏、户、刑三曹吏胥，人人富饒，他曹寂寞彌甚。吏輩又爲之語曰：「吏勳封考，三婆兩嫂。户度金倉，細酒肥羊。禮祠主膳，淡喫韲麪。〔二七〕兵職駕庫，齩薑呷醋。刑都比門，人肉餛飩。工屯虞水，生身餓鬼。〔二八〕」

高宗行幸揚州，郡人李易爲狀元；次舉駐蹕臨安，而狀元張九成亦貫臨安，時以爲王氣所在。方李易唱第時，上顧問：「此人合衆論否？」時相對曰：「易乃揚州州學學正，必合衆論。」人笑其敷奏之陋。

唐以來，皇子不兼師傅官，以子不可爲父師也。其後失於撿點，乃有兼者。治平中，賈黯草東陽郡王顥檢校太傅制，建明其失。自後皇子及宗室卑行合兼三師者，〔二九〕

悉改爲三公。政和中，省太尉、司徒、司空之官，而置少師、〔三〇〕少傅、少保，皇子乃復兼師傅，自嘉王楷始。

今參知政事恩數比門下、中書侍郎，在尚書左右丞之上，其議出於李漢老。漢老時爲右丞，蓋暗省轉廳，可徑登揆路也。呂丞相元直覺此意，排去之。然自此遂爲定制。

蔚藍乃隱語天名，非可以義理解也。杜子美梓州金華山詩云：「上有蔚藍天，垂光抱瓊臺。」猶未有害。韓子蒼乃云「水色天光共蔚藍」，乃直謂天與水之色俱如藍耳，恐又因杜詩而失之。

胡子遠之父，唐安人，家饒財，常委僕權錢，得錢引五千緡，皆僞也。家人欲訟之，胡曰：「幹僕已死，豈忍使其孤對獄耶？」或謂減其半價予人，尚可得二千餘緡。胡不可，曰：「終當誤人。」乃取而火之，泰然不少動心。其家暴貴，宜哉。

杜子美梅雨詩云：「南京西浦道，〔三一〕四月熟黃梅。湛湛長江去，冥冥細雨來。茅茨疎易濕，雲霧密難開。竟日蛟龍喜，盤渦與岸回。」蓋成都所賦也。今成都乃未嘗有梅雨，惟秋半積陰氣令蒸溽，與吴中梅雨時相類耳。豈古今地氣有不同耶？

校勘記

〔一〕胡祕監　何校：「胡」字下一本有「旦」字。案，胡旦字周甫，宋史卷四三二有傳。

〔二〕宋太素　何校：「宋」字下一本有「白」字。案，宋白字太素，宋史卷四三九有傳。

〔三〕苧束　説郛本作「束苧」。案，南史卷七〇循吏傳載此事，作「於苧束中得五兩金」，則仍作「苧束」是。

〔四〕庸僧所爲古今一揆可設法嚴絶之也　何校無此十五字。

〔五〕少卿　「卿」字説部本脱，此據津逮本補。

〔六〕礬安懿王　何校謂「王」字下疑有脱字。

〔七〕鬼樊樓　「樊」，説部本作「濮」，津逮本、何校作「樊」，據改。

〔八〕豆盧瑑　「瑑」，説部本原作「琢」，何校作「瑑」。案，豆盧瑑有傳，見舊唐書卷一七七，新唐書卷一八三。作「瑑」是，今據何校改。

〔九〕及　説郛本無「及」字。

〔一〇〕皆以爲　説郛本作「皆以曰」。

〔一一〕鷩悖　學津本作「鷩悸」，似作「悸」是。

〔一二〕轉船　説部本作「轉般」，此從津逮本。

〔一三〕閩　津逮本作「蜀」。

〔一四〕僧德洪　「洪」，何校作「惠」。

〔一五〕麩炭　津逮本作「桴炭」，誤。下「麩炭」同。

〔一六〕浮炭者謂投之水中而浮今人謂之麩炭恐亦以投之水中則浮故也　何校作「浮炭者謂投之水中則浮故也」，中少十五字；説郛本同。

〔一七〕則其語亦已久矣　何校作「浮炭今謂之麩炭」；説郛本同。

〔一八〕還俗僧　案，樊川詩集注卷三作「還俗老僧」。

〔一九〕雲　案，樊川詩集注卷三作「雪」。

〔二〇〕何日　津逮本作「何處」。案，樊川詩集注卷三作「何處」。

〔二一〕廢佛寺　説部本作「廢佛」，何校：一本作「廢佛寺」。學津本同，據改。案，舊唐書卷一八上武宗本紀載有會昌年間廢佛寺事。

〔二二〕津逮本及何校，此條緊接前條，合爲一條。

〔二三〕哲宗皇帝宸翰四大字　説郛本原作「哲宗皇帝四大字宸翰」，此從津逮本改。
〔二四〕津逮本此條與前條合爲一條。
〔二五〕與省試　説郛本無此三字，據津逮本補。
〔二六〕以大駕在東南也「也」字下津逮本有「尤非是」三字。
〔二七〕淡喫虀麪　説郛本作「淡虀喫麪」。
〔二八〕生身　津逮本作「身生」，説郛本作「生成」。
〔二九〕合　説郛本此字原缺，作方框，據津逮本補。
〔三〇〕置　説郛本原作「制」，據津逮本改。
〔三一〕西浦道　津逮本作「犀浦道」。案，錢注杜詩卷一一梅雨詩注引寰宇記云：「犀浦縣，周垂拱二年，割成都之西鄙置。杜甫宅，地屬犀浦縣。」

老學庵筆記卷七

熙寧癸丑，華山阜頭峰崩。峰下一嶺一谷，居民甚衆，皆晏然不聞，乃越四十里外平川，土石雜下如簸揚，七社民家壓死者幾萬人，壞田七八千頃，固可異矣。紹興間，嚴州大水。壽昌縣有一小山，高八九丈，隨水漂至五里外，而四傍草木廬舍，〔一〕比水退，皆不壞，則此山殆空行而過也。

韓魏公家不食蔬，以脯醢當蔬盤，度亦始於近時耳。

曾子宣丞相家，男女手指皆少指端一節，外甥亦或然。〔二〕或云襄陽魏道輔家世指少一節。道輔之姊嫁子宣，故子孫肖其外氏。

故都殘暑，不過七月中旬。俗以望日具素饌享先，織竹作盆盎狀，貯紙錢，承以一竹焚之。視盆倒所向，以占氣候；謂向北則冬寒，向南則冬温，向東西則寒温得中，謂之盂蘭盆，蓋俚俗老媪輩之言也。又每云：「盂蘭盆倒則寒來矣。」晏元獻詩云：「紅白薇英落，朱黄槿豔殘。家人愁溽暑，計日望盂蘭。」蓋亦戲述俗語耳。

歐陽公謫夷陵時，詩云：「江上孤峰蔽緑蘿，縣樓終日對嵯峨。」蓋夷陵縣治下臨峽，江名緑蘿溪。自此上泝，即上牢關，〔三〕皆山水清絶處。孤峰者即甘泉寺山，有孝女泉及祠在萬竹間，亦幽邃可喜，峽人歲時遊觀頗盛。予入蜀，往來皆過之。韓子蒼舍人泰興縣道中詩云：「縣郭連青竹，人家蔽緑蘿。」似因歐公之句而失之。此詩蓋子蒼少作，故不審云。

秦會之跋後山集，謂曾南豐脩英宗實録，辟陳無已爲屬。孫仲益書數百字詆之，以爲無此事，南豐雖嘗預脩英宗實録，未久即去，且南豐自爲吏屬，烏有辟官之理，又無已元祐中方自布衣命官，故仲益之辨，人多是之。然以予考其實，則二公俱失也。南豐元豐中還朝，被命獨脩五朝史實，許辟其屬，遂請秀州崇德縣令邢恕爲之。用選人已非故事，特從其請，而南豐又援經義局辟布衣徐禧例，乞無已檢討，廟堂尤難之。會南豐上太祖紀敍論，不合上意，脩五朝史之意寖緩。未幾，南豐以憂去，遂已。會之但誤以五朝史爲英宗實録耳，至其言辟無已事，則實有之，不可謂無也。

學士院移文三省名「咨報」，都司移文六曹名「刺」。〔四〕

前代，夜五更至黎明而終。本朝外廷及外郡悉用此制，惟禁中未明前十刻更終，謂之待旦。蓋更終則上御盥櫛，以俟明出御朝也。祖宗勤於政事如此。

予兒時見宋脩撰煇爲先君言：「某艱難中以轉餉至行在，時方避虜海道，上大喜，令除待制。呂相元直雅不相樂，乃曰：『宋煇係直龍圖閣，便除待制，太超躐，欲且與脩撰。脩撰與待制，亦只争一等。候更有勞，除待制不晚。』遂除祕撰。」宋公言之太息曰：「此某命也。」頃予被命脩高宗聖政及實録，見日曆所載，實有此事。自昔大臣以私意害人，此其小小者耳。

高廟駐蹕臨安，艱難中，每出猶鋪沙藉路，謂之黄道，以三衙兵爲之。紹興末内禪，駕過新宫，猶設黄道如平時。明日壽皇出，卽撤去，遂不復用。

族伯父彦遠言：少時識仲殊長老，東坡爲作安州老人食蜜歌者。一日，與數客過之，所食皆蜜也。豆腐、麪觔、牛乳之類，皆漬蜜食之，客多不能下箸。惟東坡性亦酷嗜蜜，能與之共飽。崇寧中，忽上堂辭衆。是夕，閉方丈門自縊死。及火化，舍利五色不可勝計。鄒忠公爲作詩云：「逆行天莫測，雉作瀆中經。漚滅風前質，蓮開火後形。鉢盂殘蜜白，爐篆冷烟青。空有誰家曲，人間得細聽。」彦遠又云：「殊少爲士人，遊蕩不羈。爲妻投毒羹胾中，幾死，啖蜜而解。醫言復食肉則毒發，不可復療，遂棄家爲浮屠。鄒公所謂『誰家曲』者，謂其雅工於樂府詞，猶有不羇之餘習也。」

晏元獻爲藩郡，率十許日乃一出廳，僚吏旅揖而已。有欲論事，率因親校轉白，校復傳可否以出，遂退。吕正獻作相及平章軍國事時，於便坐接客，初惟一揖，即端坐自若，雖從官亦以次起白；及退，復起一揖，未嘗離席。蓋祖宗時輔相之尊嚴如此，時亦不以爲非也。

東坡詩云：「大弨一弛何緣彀，已覺翻翻不受檠。」考工記：「弓人寒奠體。」注曰：「奠，讀爲定。至冬膠堅，内之檠中，定往來體。」釋文：「檠，音景。」前漢蘇武傳：「武能網紡繳，檠弓弩。」顔師古曰：「檠，謂輔正弓弩，音警；又巨京反。」東坡作平聲叶，蓋用漢書注也。

豐相之於舒信道，鄒志完於吕望之，其爲人似不類，然相與皆厚甚，不以鄉里及同僚故也。相之爲中司時，猶力薦信道。志完元符中進用，則實由望之薦也。及以直諫遠竄，望之坐薦非其人，褫官。謝表云：「臣之與浩，實匪素交。以其嘗備學校之選於先朝，能陳詩賦之非於元祐，比緣薦士，遂取充員。豈期螻蟻之微，自速雷霆之譴。」其敍陳終不以志完爲非，亦不易矣。

宋白集有賜諸道節度觀察防團刺史知州以下賀登極進奉詔書云：「朕仰承先訓，纘嗣丕基。眷命曆之有歸，想寰區之同慶。卿輟由俸禄，恭備貢輸，遥陳稱賀之誠，知乃盡忠之節。省覽嘉歎，再三在懷。」實真廟登極時詔書也。乃知是時貢物，皆守臣以俸禄自備。今既以庫金爲貢，而推恩則如故，可謂厚恩矣。

前輩遇通家子弟，初見請納拜者，既受之，則設席，望其家遥拜其父祖，乃就坐。先君尚行之。

前輩置酒飲客，終席不褫帶。毛達可守京口時尚如此。後稍廢，然猶以冠帶勸酬，後又不講。紹興末，胡邦衡還朝，每與客飲，至勸酒，必冠帶再拜。朝士皆笑其異衆，然邦衡名重，行之自若。

元豐七年秋宴，神廟舉御觴示丞相王岐公以下，忽暴得風疾，手弱觴側，餘酒霑汙御袍。是時京師方盛歌側金盞，皇城司中官以爲不祥，有歌者輒收繫之，由是遂絶。先楚公進裕陵挽詞有云：「輅從元朔朝時破，花是高秋宴後萎。」二句皆當時實事也。天聖、明道間，京師盛歌一曲曰曹門高。未幾，慈聖太后受册中宫，人以爲驗矣。其後宣仁與慈聖皆垂箔攝政，而宣仁實慈聖之甥，以故選配英廟，則徵兆之意若曰：「曹門之高，當相繼而起也。」何其神哉！

趙相挺之使虜，方盛寒，在殿上。虜主忽顧挺之耳，愕然急呼小胡指示之，蓋閹也。俄持一小玉合子至，合中有藥，色正黄，塗挺之兩耳周匝而去，其熱如火。既出殿門，主客者揖賀曰：「大使耳若用藥遲，且拆裂缺落，甚則全耳皆墮而無血。」扣其玉合中藥爲何物，乃不肯言，但云：「此藥市中亦有之，價甚貴，方匕直錢數千。〔五〕某輩早朝遇極寒，即塗少許。吏卒輩則別有藥，以狐溺調塗之，亦效。」

遼人劉六符，所謂劉燕公者，建議於其國，謂：「燕、薊、雲、朔，本皆中國地，不樂屬我。非有以大收其心，必不能久。」虜主宗真問曰：「如何可收其心？」曰：「歛於民者十減其四五，則民惟恐不爲北朝人矣。」虜主曰：「如國用何？」曰：「臣願使南朝，求割關南地；而增戍閲兵以脅之。南朝重於割地，必求增歲幣。我託不得已受之。〔六〕俟得幣，則以其數對減民賦可也。」宗真大以爲然，卒用其策得增幣。而他大臣背約，纔以幣之十二減賦，民固已喜。及洪基嗣立，六符爲相，復請用元議。洪基亦仁厚，遂盡用銀絹二十萬之數，減燕、雲租賦。故其後虜政雖亂，而人心不離，豈可謂虜無人哉！

仁宗皇帝慶曆中嘗賜遼使劉六符飛白書八字，曰：「南北兩朝，永通和好。」會六符知貢舉，乃以「兩朝永通和好」爲賦題，而以「南北兩朝永通和好」爲韻，云：「出南朝皇帝御飛白書。」六符蓋爲虜畫策增歲賂者，然其尊戴中國尚爾如此，則盟好中絶，誠可惜也！

王荆公素不樂滕元發、鄭毅夫，目爲「滕屠」、「鄭酤」。然二公資豪邁，殊不病其言。毅夫爲内相，一日送客出郊，過朱亥冢，俗謂之屠兒原者，作詩云：「高論唐虞儒者事，賣交負國豈勝言。憑君莫笑金椎陋，却是屠酤解報恩。」

予幼歲侍先君避亂東陽山中，有北僧年五十餘，戇朴無能，自言沈相義倫裔孫，攜遺像及告身詔勑甚備。且云義倫之後，惟己獨存，欲訴於朝，求一官還俗。不知竟何往也。

詩正義曰：「絡緯鳴，嬾婦驚。」宋子京秋夜詩云：「西風已飄上林葉，北斗直掛建章城。人間底事最堪恨，絡緯啼時無婦驚。」其妙於用事如此。

孫少述一字正之，與王荆公交最厚。故荆公别少述詩云：「應須一曲千回首，西去論心有幾人！」又云：「子今此去來何時，後有不可誰予規？」其相與如此。及荆公當國，數年不復相聞，人謂二公之交遂暌。故東坡詩云：「蔣濟謂能來阮籍，薛宣真欲吏朱雲。」劉舍人貢父詩云：「不負興公遂初賦，更傳中散絕交書。」然少述初不以爲意也。及荆公再罷相歸，過高沙，少述適在焉。亟往造之，少述出見，惟相勞苦及弔元澤之喪，兩公皆自忘其窮達。遂留荆公置酒共飯，劇談經學，抵暮乃散。荆公曰：「退卽解舟，無由再見。」少述曰：「如此更不去奉謝矣。」然惘惘各有惜別之色。人然後知兩公之未易測也。

杭僧思聰，東坡爲作字説者，大觀、政和間，挾琴遊梁，日登中貴人之門。久之，遂還俗，爲御前使臣。方其將冠巾也，蘇叔黨因浙僧入都送之詩曰：「試誦北山移，爲我招琴聰。」詩至已無及矣。參寥政和中老矣，亦還俗而死，然不知其故。

陶淵明遊斜川詩，自敍辛丑歲年五十。蘇叔黨宣和辛丑亦年五十，蓋與淵明同甲子也。是歲得園於許昌西湖上，故名之曰小斜川云。

夏文莊，初謚文正，劉原父持以爲不可，至曰：「天下謂竦邪，而陛下謚之『正』。」遂改今謚。宋子京作祭文，乃曰：「惟公温厚粹深，天與其正。」蓋謂夏公之正，天與之，而人不與。當時自有此一種議論。故張文定甚惡石徂徠，詆之甚力，目爲狂生。

東坡議學校貢舉狀云：「使孫復、石介尚在，則迂闊矯誕之士也，可施之於政事之間乎？」其言亦有自來。歐公作王洙原叔參政墓誌曰：「夏竦卒，天子以東宮恩賜謚文獻。洙爲知制誥，封還曰：『此僖祖謚也。』於是太常更謚文莊。」與他書異。

壹、貳、參、肆、伍、陸、柒、捌、玖、拾，字書皆有之。參，正是三字；或讀作七南反耳。柒字，晉、唐人書或作漆，亦取其同音也。

三舍法行時，有教官出易義題云：「乾爲金，坤又爲金，何也？」諸生乃懷監本易至簾前請云：「題有疑，請問。」教官作色曰：「經義豈當上請？」諸生曰：「若公試，固不敢。今乃私試，恐無害。」教官乃爲講解大概。諸生徐出監本，復請曰：「先生恐是看了麻沙本。若監本，則坤爲釜也。」教授皇恐，乃謝曰：「某當罰。」即輸罰，改題而止。然其後亦至通顯。

老杜哀江頭云：「黄昏胡騎塵滿城，欲往城南忘城北。」言方皇惑避死之際，欲往城南，乃不能記孰爲南北也。然荆公集句，兩篇皆作「欲往城南望城北」。或以爲舛誤，或以爲改定，皆非也。蓋所傳本偶不同，而意則一也。北人謂向爲望，謂欲往城南，乃向城北，亦皇惑避死，不能記南北之意。

先夫人幼多在外家晁氏，言諸晁讀杜詩：「穉子也能賒」、「晚來幽獨恐傷神」，「也」字、「恐」字，皆作去聲讀。

蜀人石耆公言：「蘇黄門嘗語其姪孫在庭少卿曰：『哀江頭卽長恨歌也。長恨冗而凡，哀江頭簡而高。』在庭曰：『常武與桓二詩，皆言用兵，而繁簡不同，蓋此意乎？』黄門摇手曰：『不然。』」

姓「但」者，音若「檀」。近歲有嶺南監司曰但中庸是也。一日，朝士同觀報狀，見嶺南郡守以不法被劾，朝旨令但中庸根勘。有一人輒歎曰：「此郡守必是權貴所主。」問：「何以知之？」曰：「若是孤寒，必須痛治，此乃令但中庸根勘，卽是有力可知。」同坐者無不掩口。其人悖然作色曰：「拙直宜爲諸公所笑！」竟不悟而去。

今人解杜詩，但尋出處，不知少陵之意，初不如是。且如岳陽樓詩：「昔聞洞庭水，今上岳陽樓。吴楚東南坼，乾坤日夜浮。親朋無一字，老病有孤舟。戎馬關山北，憑軒涕泗流。」此豈可以出處求哉？縱使字字尋得出處，去少陵之意益遠矣。蓋後人元不知杜詩所以妙絶古今者在何處，但以一字亦有出處爲工。如西崑酬倡集中詩，何曾有一字無出處者，便以爲追配少陵，可乎？且今人作詩，亦未嘗無出處，渠自不知，若爲之箋注，亦字字有出處，但不妨其爲惡詩耳。

壽皇時，禁中供御酒名薔薇露，賜大臣酒謂之流香酒。分數旋取旨，蓋酒户大小已盡察矣。

韓魏公聲雌，文潞公步碎。相者以爲二公若無此二事，皆非人臣之相。〔七〕

慶曆中，河北道士賈衆妙善相，以爲曾魯公脊骨如龍，王荆公目睛如龍，蓋人能得龍之一體者，皆貴窮人爵。見豫章黄庠手曰：「左手得龍爪，雖當魁天下而不仕，若右手得之，則貴矣。」庠果爲南省第一，不及廷對而死。

俞秀老紫芝，物外高人，喜歌謳，醉則浩歌不止。故荆公贈之詩曰：「魯山眉宇人不見，只有歌辭來向東。」又云：「暮年要與君攜手，處處相煩作好歌。」不知者以爲賦詩也。紫芝之弟清老，欲爲僧，荆公名之曰紫琳，因手簡目之爲琳公，然清老卒未嘗祝髮也。

臨江蕭氏之祖，五代時仕於湖南，爲將校，坐事當斬，與其妻亡命焉。〔八〕王捕之甚急。將出境，會夜阻水，不能去，匿於人家霤槽中。湘湖間謂霤爲筧。〔九〕天將旦，有扣筧語之曰：「君夫婦速去，捕者且至矣。」因亟去，遂得脱。卒不知告者何人，以爲神物，乃世世奉祀，謂之筧頭神。今參政照鄰，乃其後也。

晁以道明皇打毬圖詩：「宮殿千門白晝開，三郎沈醉打毬回。九齡已老韓休死，明日應無諫疏來。」又張果洞詩云：「怪底君王慙漢武，不誅方士守輪臺。」皆偉論也。

歐陽公早朝詩云：「玉勒争門隨仗入，牙牌當殿報班齊。」李德芻言：「自昔朝儀，未嘗有牙牌報班齊之事。」予考之，實如德芻之説。問熟於朝儀者，亦惘然以爲無有。然歐陽公必不誤，當更博攷舊制也。

王荆公所賜玉帶，闊十四稻，[一〇]號玉抱肚，真廟朝趙德明所貢。至紹興中，王氏猶藏之。曾孫奉議郎璹始復進入禁中。

舅氏唐居正意，文學氣節爲一時師表。建炎初，避兵武當山中。病歿，遺文散落，無復存者，獨滁州漢高帝廟碑陰尚存，今録於此：「滁之西曰豐山，有漢高帝廟。或云漢諸將追項羽，道經此山。至今土俗以五月十七日爲高帝生日，遠近畢集，薦殽觴焉。某嘗從太守侍郎曾，禱雨於廟，因讀庭中刻石，始知昔人相傳，蓋以五月十七爲高帝忌日。按漢書，高帝十三年四月甲辰崩於長樂宮，五月丙寅葬長陵注：自崩至葬凡二十三日。疑五月十七日必其葬日，又非忌日也。以曆推之，自上元甲子之歲，至高帝十二年四月晦日，是年歲在丙午。凡積一百九十三萬六千三百六十三年，二千三百九十四萬九千五百九十一月，七億七百二十四萬六千八十五日。〔二〕以法除之，算外得五月朔己酉，十七日乙丑。則丙寅葬日，乃十八日也。班固記漢初北平侯張蒼所有顓帝曆晦朔、月見、弦望、滿虧，多非是。故高帝九年六月乙未晦日食。〔三〕夫日食必於朔，而此食於晦，則先一日矣。豈非丙寅乃當時十七日乎？不然，歲月久，傳者失之也。遂以告，公命書其碑陰。紹聖二年五月旦記。」

劍門關皆石無寸土，潼關皆土無拳石，雖皆號天下險固，要之潼關不若劍門。然自秦以來，劍門亦屢破矣，險之不可恃如此。

曾子宣丞相，元豐間帥慶州。未至，召還；至陝府，復還慶州，往來潼關。夫人魏氏作詩戲丞相曰：「使君自爲君恩厚，不是區區愛華山。」

南豐曾氏享先，用節羹、醃鵝、剆粥。建安陳氏享先，用肝串子、猪白割、血羹、肉汁。皆世世守之，富貴不加，貧賤不廢也。

蘇子由晚歲遊許昌賈文元公園，作詩云：「前朝輔相終難得，父老咨嗟今亦無。」蓋謂方仁祖時，士大夫多議文元，然自今觀之，豈易得哉！其感慨如此。

校勘記

〔一〕四傍　何校、津逮本俱作「兩傍」。

〔二〕亦或然　津逮本無「或」字。

〔三〕上牢關　津逮本作「上牢下牢關」。

〔四〕此條津逮本置於第八卷「秦丞相晚歲權尤重」條之前。

〔五〕方匕　説部本誤作「方匕」，今據津逮本改。

〔六〕託　説部本原作「説」，此據津逮本。

〔七〕人臣　津逮本作「大臣」。

〔八〕亡命焉　「焉」，津逮本作「馬」，則應屬下讀，作「……亡命。馬王捕之甚急」。馬王，或指五代時割據湖湘的楚王馬殷，新五代史卷六六、舊五代史卷一三三有傳。

〔九〕湖湘間　津逮本作「江湘間」。

〔一〇〕十四稻　津逮本作「十四掐」。

〔一一〕八十五日　津逮本作「八百十五日」。

〔一二〕高帝　津逮本作「先帝」，誤。

老學庵筆記卷八

國初尚文選，當時文人專意此書，故草必稱「王孫」，梅必稱「驛使」，月必稱「望舒」，山水必稱「清暉」。至慶曆後，惡其陳腐，諸作者始一洗之。方其盛時，士子至爲之語曰：「文選爛，秀才半。」建炎以來，尚蘇氏文章，學者翕然從之，而蜀士尤盛。亦有語曰：「蘇文熟，喫羊肉。蘇文生，喫菜羹。」

蜀人見人物之可誇者，則曰「嗚呼」，可鄙者，則曰「噫嘻」。

秦丞相晚歲權尤重，常有數卒，皁衣持梃立府門外，行路過者稍顧視謦欬，皆呵止之。嘗病告一二日，執政獨對，既不敢他語，惟盛推秦公勳業而已。明日入堂，忽問曰：「聞昨日奏事甚久。」執政惶恐，曰：「某惟誦太師先生勳德，曠世所無。」語終卽退，實無他言。」秦公嘻笑曰：「甚荷。」蓋已嗾言事官上章。執政甫歸，閤子彈章副本已至矣。其忮刻如此。〔一〕

興元褒城縣産礜石，〔三〕不可勝計，與凡土石無異，雖數十百擔，亦可立取。然其性酷烈，有大毒，非置瓦窑中煆三過，不可用。然猶動能害人，尤非他金石之比。千金有一方，用礜石輔以乾薑、烏頭之類，名「匈奴露宿丹」，其酷烈可想見也。

陰平在今文州，有橋曰陰平橋。淳熙初，爲郡守者大書立石於橋下曰：「鄧艾取蜀路。」過者笑之。

建炎三年春，車駕倉卒南渡，駐蹕於杭。有侍臣召對者，既對，所陳劄子首曰：「恭惟陛下歲二月東巡狩，至於錢塘。」呂相頤浩見之，笑曰：「秀才家，識甚好惡！」

淳熙中，黄河決入汴。梁、宋間讙言，〔三〕謂之「天水來」。天水，國姓也。遺民以爲國家恢復之兆。

史魏公自少保六轉而至太師，中間近三十年，福壽康寧，本朝一人而已。文潞公自司空四轉，蔡太師自司空三轉，秦太師自少保兩轉而已。

鄭康成自爲書戒子益恩，其末曰：「若忽忘不識，亦已焉哉！」此正孟子所謂「父子之間不責善」也。蓋不責善，非不示於善也，〔四〕不責其必從耳。陶淵明命子詩曰：「夙興夜寐，願爾斯才。爾之不才，亦已焉哉！」用康成語也。

自唐至本朝，中書門下出勑，其勑字皆平正渾厚。元豐後，勑出尚書省，亦然。

崇寧間，蔡京臨平寺額作險勁體，「來」長而「力」短，省吏始效之相誇尚，謂之「司空敇」，亦曰「蔡家敇」，蓋妖言也。京敗，言者數其朝京退送及公主改帝姬之類，偶不及蔡家敇。故至今敇字蔡體尚在。

東坡海外詩云：「夢中時見作詩孫。」初不解。在蜀見蘇山藏公墨迹疊韻竹詩，後題云：「寄作詩孫符」，乃知此句爲仲虎發也。

紹興末，謝景思守括蒼，司馬季思佐之，皆名伋。劉季高以書與景思曰：「公作守，司馬九作倅，想郡事皆如律令也。」聞者絶倒。

東坡牡丹詩云：「一朶妖紅翠欲流。」初不曉「翠欲流」爲何語。及遊成都，過木行街，有大署市肆曰：「郭家鮮翠紅紫鋪。」問土人，乃知蜀語鮮翠猶言鮮明也。東坡蓋用鄉語云。蜀人又謂糊牕曰「泥牕」，花蘂夫人宫詞云：「紅錦泥牕遶四廊。」非曾遊蜀，亦所不解。

東坡先生省試刑賞忠厚之至論有云：「皋陶爲士，將殺人，皋陶曰殺之三，堯曰宥之三。」梅聖俞爲小試官，得之以示歐陽公。公曰：「此出何書？」聖俞曰：「何須出處！」公以爲皆偶忘之，然亦大稱歎。初欲以爲魁，終以此不果。及揭牓，見東坡姓名，始謂聖俞曰：「此郎必有所據，更恨吾輩不能記耳。」及謁謝，首問之，東坡亦對曰：「何須出處。」乃與聖俞語合。公賞其豪邁，太息不已。

宋白尚書詩云：「風騷墜地欲成塵，春鎖南宫入試頻。三百俊才衣似雪，可憐無箇解詩人。」又云：「對花莫道渾無過，曾爲常人舉好詩。〔五〕」大抵宋詩雖多疵纇，而語意絶有警拔者，故其自負如此。

白樂天詩云：「四十著緋軍司馬，男兒官職未蹉跎。」「一爲州司馬，三見歲重陽。」本朝太宗時，宋太素尚書自翰苑謫鄜州行軍司馬，有詩云：「鄜州軍司馬，也好畫爲屏。」又云：「官爲軍司馬，身是謫仙人。」蓋此音「司」字作入聲讀。〔六〕

故事：謫散官雖别駕司馬，皆封賜如故。故宋尚書在鄜時詩云：「經時不巾櫛，慵更佩金魚。」東坡先生在儋耳，亦云「鶴髮驚全白，犀圍尚半紅」是也。至司户參軍，則奪封賜。故世傳寇萊公謫雷州，借録事參軍緑袍拜命，袍短纔至膝。又予少時，見王性之曾夫人言，曾丞相謫廉州司户，亦借其姪緑袍拜命云。

紹興十六七年，李莊簡公在藤州，以書寄先君，有曰：「某人汲汲求少艾，求而得之，自謂得計。今成一聚枯骨，世尊出來，也救他不得。」「一聚枯骨」，出神仙傳老子篇。「某人」者，前執政，留守金陵，暴得疾卒，故云。

張邦昌既死，有旨月賜其家錢十萬，於所在州勘支。曾文清公爲廣東漕，〔七〕取其券繳奏，曰：「邦昌在古，法當族誅，今貸與之生足矣，乃加横恩如此，不知朝廷何以待伏節死事之家？」詔自今勿與。予銘文清墓，載此事甚詳，及刻石，其家乃削去，至今以爲恨。

韓魏公罷政，以守司徒兼侍中、鎮安武勝軍節度使。公累章牢辭，至以爲恐開大臣希望僭忒之階。遂改淮南節度使。〔八〕元豐間，文潞公亦加兩鎮，引魏公事辭，卒亦不拜。紹興中，張俊、韓世忠乃以捍虜有功，拜兩鎮，俄又加三鎮。二人皆武臣，不知辭。當時士大夫爲之語曰：「若加一鎮，即爲四鎮，如朱全忠矣，奈何！」

大駕初駐蹕臨安，故都及四方士民商賈輻輳，又刱立官府，扁牓一新。好事者取以爲對曰：「鈴轄諸道進奏院，詳定一司勑令所」，「王防禦契聖眼科，陸官人遇仙風藥」，「乾溼脚氣四斤丸，偏正頭風一字散」，「三朝御裹陳忠翊，四世儒醫陸太丞」，「東京石朝議女壻、樂駐泊樂鋪，西蜀費先生外甥寇保義卦肆」，如此凡數十聯，不能盡記。

高廟謂：「端硯如一段紫玉，瑩潤無瑕乃佳，何必以眼爲貴耶。」晁以道藏硯必取玉斗樣，喜其受墨瀋多也。每曰：「硯若無池受墨，則墨亦不必磨，筆亦不必點，惟可作枕耳。」

呂吉甫問客：「蘇子瞻文辭似何人？」客揣摩其意，答之曰：「似蘇秦、張儀。」呂笑曰：「秦之文高矣，儀固不能望，子瞻亦不能也。」徐自誦其表語云：「面折馬光於講筵，廷辯韓琦之奏疏。」甚有自得之色，客不敢問而退。

陳師錫家享儀，謂冬至前一日爲「冬住」，與歲除夜爲對，〔九〕蓋閩音也。予讀太平廣記三百四十卷有盧頊傳云：「是夕，冬至除夜。」乃知唐人冬至前一日，亦謂之「除夜」。詩唐風：「日月其除。」除音直慮反。〔一〇〕則所謂「冬住」者，「冬除」也。陳氏傳其語，而失其字耳。

老杜寄薛三郎中詩云：「上馬不用扶，每扶必怒瞋。」東坡送喬仝詩云：「上山如飛瞋人扶。」皆言老人也。蓋老人諱老，故爾。若少壯者，扶與不扶皆可，何瞋之有。

宣和末，有巨商捨三萬緡，裝飾泗州普照塔，焕然一新。建炎中，商歸湖南，至池州大江中。一日晨興，忽見一塔十三級，水上南來。〔一一〕金碧照耀，而隨波傾颭，若欲倒者。商舉家及舟師人人見之，皆驚怖誦佛。既漸近，有僧出塔下，舉手揖曰：「元是裝塔施主船。淮上方火災，大師將塔往海東行化去。」語未竟，忽大風作，塔去如飛，遂不見。未幾，乃聞塔廢於火。舒州僧廣勤與商船同行，親見之。

段成式酉陽雜俎言揚州東市塔影忽倒，老人言海影翻則如此。沈存中以謂大抵塔有影必倒。予在福州見萬壽塔，成都見正法塔，蜀州見天目塔，皆有影，亦皆倒也。然塔之高如是，而影止三二尺，纖悉皆具。或自天窗中下，或在廊廡間，亦未易以理推也。

唐彦猷硯録言：「青州紅絲石硯，覆之以匣，數日墨色不乾。經夜即其氣上下蒸濡，着於匣中，有如雨露。」又云「紅絲硯必用銀作匣。」凡石硯若置銀匣中，即未乾之墨氣上騰，〔二〕其墨乃著蓋上。久之，蓋上之墨復滴硯中，亦不必經夜也。銅錫皆然，而銀尤甚，雖漆匣亦時有之，但少耳。彦猷貴重紅絲硯，以銀爲匣，見其蒸潤，而未嘗試他硯也。

賀方回狀貌奇醜，色青黑而有英氣，俗謂之賀兔頭。〔三〕喜校書，朱黄未嘗去手。詩文皆高，不獨攻長短句也。〔四〕潘邠老贈方回詩云：「詩束牛腰藏舊稾，書訛馬尾辨新讎。」有二子，曰房、曰廩。於文，「房」從方，「廩」從回，蓋寓父字於二子名也。

翟耆年字伯壽，父公巽參政之子也。能清言，工篆及八分。巾服一如唐人，自名唐裝。一日往見許顗彦周。彦周髽髻，着犢鼻褌，躡高屐出迎，伯壽愕然。彦周徐曰：「吾晉裝也，公何怪！」

元祐七年，哲廟納后，用五月十六日法駕出宣德門行親迎之禮。初，道家以五月十六日爲天地合日，夫婦當異寢，違犯者必夭死，故世以爲忌。當時太史選定，乃謂人主與后猶天地也，故特用此日。將降詔矣，皇太妃持以爲不可，上亦疑之。宣仁獨以爲此語俗忌耳，非典禮所載，遂用之。其後詔獄既興，宦者復謂：「若廢后可弭此禍。」上意亦不可回矣。〔五〕

政和以後，斜封墨勑盛行，乃有以寺監長官視待制者，大抵皆以非道得之。晁叔用以謂「視待制」可對「如夫人」，蓋爲清議貶黜如此。又往往以特恩賜金帶，朝路混淆，然猶以舊制不敢坐狨。故當時謂横金無狨韉，與閤門舍人等耳。

聶山、胡直孺同爲都司，一日過堂，從容爲蔡京言道流之横。京慨然曰：「君等不知耳，淫侈之風日熾，姑以齋醮少間之，不暇計此曹也。」京之善文過如此。

蔡京賜第，宏敞過甚。老疾畏寒，幕帟不能禦，遂至無設牀處，惟撲水少低，間架亦狹，乃即撲水下作臥室。

秦熺作狀元時，蔡京親吏高揀猶在，〔一六〕謂人曰：「看他秦太師，吾主人乃天下至繆漢也。」揀當蔡氏盛時，官至拱衛大夫，領青州觀察使。靖康臺評所謂厮養官爲横行是也。有王俞者，與之同列，官亦相等。靖康間，俞停廢，揀猶以武功大夫爲浙東副總管，遂終其身，不復褫削。議者亦置之，或自有由也。

沈存中辨雞舌香爲丁香，亹亹數百言，竟是以意度之。惟元魏賈思勰作齊民要術，第五卷有合香澤法，用雞舌香，注云：「俗人以其似丁子，故謂之丁子香〔一七〕」。此最的確，可引之證，而存中反不及之，以此知博洽之難也。

顏延年作靖節徵士誄云：「徽音遠矣，誰箴予闕？」王荆公用此意作别孫少述詩：「子今去此來何時，後有不可誰予規？」青出於藍者也。

先君讀山谷乞猫詩，歎其妙。晁以道侍讀在坐，指「聞道猫奴將數子」一句，問曰：「此何謂也？」先君曰：「老杜云『暫止啼烏將數子』，恐是其類。」以道笑曰：「君果誤矣。乞猫詩『數』字當音色主反。『數子』謂猫狗之屬多非一子，故人家初生畜必數之曰：『生幾子。』『將數子』猶言『將生子』也，與杜詩語同而意異。」以道必有所據，先君言當時偶不叩之以爲恨。

翟公巽參政，靖康初召爲翰林學士。過泗州，謁僧伽像，見鬚忽涌出長寸許，問他人，皆不見，怪之。一僧在旁曰：「公雖召還，恐不久復出。」公扣之，曰：「鬚出者，須出也。」果驗。

唐人詩中有曰無題者，率杯酒狎邪之語，以其不可指言，故謂之「無題」，非真無題也。近歲吕居仁、陳去非亦有曰「無題」者，乃與唐人不類，或真亡其題，或有所避，其實失於不深考耳。

翟公巽參政守會稽日，〔一八〕命工塑真武像。既成，熟視曰：「不似，不似。」卽日毁之别塑，今告成觀西廡小殿立像是也。道士賀仲清在旁親見之，而不敢問。

古所謂揖，但舉手而已。今所謂喏，乃始於江左諸王。方其時，惟王氏子弟爲之。故支道林入東見王子猷兄弟還，人問「諸王何如？」答曰：「見一羣白項烏，但聞唤啞啞聲。」〔一九〕卽今喏也。

荆公詩云：「閉户欲推愁，愁終不肯去。」劉賓客詩云：「與老無期約，到來如等閑。」韓舍人子蒼取作一聯云：〔二〇〕「推愁不去還相覓，與老無期稍見侵。」比古句蓋益工矣。

四月十九日，成都謂之浣花，遨頭宴於杜子美草堂滄浪亭。傾城皆出，錦繡夾道。自開歲宴遊，至是而止，故最盛於他時。予客蜀數年，屢赴此集，未嘗不晴。蜀人云：「雖戴白之老，未嘗見浣花日雨也。」

明州護聖長老法揚，藏其祖鄭舍人向所得仁廟東宮日回賀歲旦書，稱「皇太子某狀」，用太子左春坊之印。舍人是時猶爲館職也。

湯岐公初秉政，偶刑寺奏牘有云「生人婦」者。高廟問：「此有法否？」秦益公云：「法中有夫婦人與無夫者不同。」上素喜岐公，顧問曰：「古亦有之否？」岐公曰：「古法有無，臣所不能記。然『生人婦』之語，蓋出三國志杜畿傳。」上大驚，乃笑曰：「卿可謂博記矣。」益公陰刻，獨謂岐公純篤不忌也。〔三〕

北方民家，吉凶輒有相禮者，謂之「白席」，多鄙俚可笑。韓魏公自樞密歸鄴，赴一姻家禮席，偶取盤中一荔支，欲啗之。白席者遽唱言曰：「資政喫荔支，請衆客同喫荔支。」魏公憎其喋喋，因置不復取。白席者又曰：「資政惡發也，却請衆客放下荔支。」〔三〕魏公爲一笑。「惡發」，猶云怒也。

唐自相輔以下，皆謂之京官，言官於京師也。其常參者曰常參官，未常參者曰未常參官。國初以常參官預朝謁，故謂之升朝官，而未預者曰京官。元豐官制行，以通直郎以上朝預宴坐，仍謂之升朝官，而按唐制去京官之名。凡條制及吏牘，止謂之承務郎以上，然俗猶謂之京官。

唐所謂丞郎，謂左右丞、六曹侍郎也。尚書雖序左右丞上，然亦通謂之丞郎，猶今言侍從官也。俗又謂之兩制，指内制而言，然非翰苑。西掖亦曰「兩制」，正如丞郎之稱。契丹僭號，有「高坐官」，亦侍從之比。坐字本犯御嫌名，或謂丞郎爲左右丞、中書門下侍郎，亦非也。

唐高祖實録：武德二年正月甲子，下詔曰：「釋典微妙，淨業始於慈悲；道教沖虚，至德去其殘暴。況乎四時之禁，毋伐麛卵；三驅之禮，不取順從。蓋欲敦崇仁惠，蕃衍庶物，立政經邦，咸率斯道。朕祗膺靈命，撫遂羣生，言念亭育，無忘鑒昧。殷帝去網，庶踵前修；齊王捨牛，實符本志。自今每年正月、五月、九月十直日，並不得行刑。所在公私，宜斷屠殺。」此三長月斷屠殺之始也。唐大夫如白居易輩，蓋有遇此三齋月，杜門謝客，專延緇流作佛事者。今法至此月亦減去食羊錢，蓋其遺制。

校勘記

〔一〕此條津逮本在本卷「張邦昌既死」條後，單作一條。

〔二〕褒城縣　津逮本作「城固縣」。案，據宋史卷八九地理志五，利州路興元府所屬有城固縣、褒城縣，此未知孰是。

〔三〕梁宋間　説部本「間」作「閩」，此從津逮本。

〔四〕於　津逮本作「以」。

〔五〕曾爲　津逮本作「曾與」。

〔六〕此音　津逮本作「北音」。

〔七〕曾文清公　津逮本無「公」字。

〔八〕淮南節度使　説部本原作「淮南節」，此從津逮本。

〔九〕與歲除夜爲對　説郛本作「與除夜之歲除爲對」。

〔一〇〕直慮反　何校作「直盧反」。

〔一一〕水上　津逮本作「浮水上」。

〔一二〕墨氣上騰　津逮本作「墨氣上蒸騰」。

〔一三〕賀兔頭　何校、津逮本作「賀鬼頭」。

〔一四〕攻　津逮本作「工」。

〔一五〕亦　津逮本作「益」。

〔一六〕高揀　津逮本、稗海本作「高楝」，下同。

〔一七〕注云俗人以其似丁子故謂之丁子香　津逮本無此十五字。

〔一八〕翟公巽參政　説郛本無「政」字，據津逮本補。案，宋史卷三七二翟汝文傳，汝文字公巽，曾任參知政事，知越州，當即此人，則應有「政」字。

〔一九〕喚啞啞聲　津逮本無「喚」字。

〔二〇〕韓舍人　津逮本無「韓」字。

〔二一〕益公陰刻獨謂岐公純篤不忌也　何校、説郛本俱無此十三字。

〔二二〕却　津逮本無「却」字。

老學庵筆記卷九

蜀父老言：王小皤之亂，自言「我土鍋村民也，豈能霸一方？」有李順者，孟大王之遺孤。初，蜀亡，有晨興過摩訶池上者，見錦箱錦衾覆一襁褓嬰兒，有片紙在其中，書曰：「國中義士，爲我養之。」人知其出於宫中，因收養焉，順是也，故蜀人惑而從之。未幾，小皤戰死，衆推順爲主，下令復姓孟。及王師薄城，城且破矣，順忽飯城中僧數千人以祈福。又度其童子亦數千人，皆就府治削髮，衣僧衣。晡後分東西門兩門出。〔一〕出盡，順亦不知所在，蓋自髡而遯矣。明日，王師入城，捕得一髯士，狀頗類順，遂誅之，而實非也。有帶御器械張舜卿者，因奏事，密言：「臣聞順已逸去，所獻首非也。」太宗以爲害諸將之功，叱出將斬之；已而貸之，亦坐免官。及真廟天禧初，順竟獲於嶺南。初欲誅之於市，且令百官賀。吕文靖爲知雜御史，以爲不可，但卽獄中殺之。人始知舜卿所奏非妄也。蜀人又謂：順逃至荆渚，入一僧寺，有僧熟視曰：「汝有異相，當爲百日偏霸之主，何自在此？汝宜急去，今年不死，尚有數十年壽。」亦可怪也。又云方順之作，有術士拆順名曰：「是一百八日有西川耳，〔二〕安能久也。」如朝而敗。

太宗太平興國四年，平太原，降爲并州，廢舊城，徙州於榆次。今太原則又非榆次，乃三交城也。〔三〕城在舊城西北三百里，亦形勝之地。本名故軍，又嘗爲唐明鎮。有晉文公廟，甚盛。平太原後三年，帥潘美奏乞以爲并州，從之。於是徙晉文公廟，以廟之故址爲州治。又徙陽曲縣於三交，而榆次復爲縣。國史所載頗略。方承平時，太原爲大鎮，其興廢人人能知之，故史亦不備書。今陷没幾七十年，遂有不可詳者矣。

唐小説載：有人路逢奔馬入都者，問何急如此。其人答曰：「應不求聞達科。」本朝天聖中，初置賢良方正等六科，許少卿監以上奏舉，自應者亦聽，俄又置高蹈丘園科，亦許自於所在投狀求試，時以爲笑。予少時爲福州寧德縣主簿，提刑樊茂實以職狀舉予曰：「有聲於時，〔四〕不求聞達。」後數月，再見之，忽問曰：「何不來取奏狀？」予笑答之，曰：「恐不稱舉詞，故不敢。」茂實亦笑，顧書吏促發奏。然予竟不投也。

成都士大夫家法嚴。席帽行范氏，自先世貧而未仕，則賣白龍丸，一日得官，止不復賣。城北郭氏賣豉亦然。皆不肯爲市井商賈，或舉貨營利之事。又士人家子弟，無貧富皆着蘆心布衣，紅勒帛狹如一指大，稍異此則共嘲笑，以爲非士流也。

周禮蟈氏注云：「蟈，今御所食鼃也。」漢書霍光傳亦有「丞相擅減宗廟羔菟鼃」。此何等物，而漢人以供玉食及宗廟之薦耶？古今事不同如此。

真宗御集有苑中賞花詩十首，内一首龍柏花。李文饒平泉山居草木記有「藍田之龍柏」，宋子京又有真珠龍柏詩，劉子儀、晁以道、朱希真亦皆有此作。予長於江南，未嘗見也。或云本出鄜、坊間。

舒焕堯文，東坡公客，建炎中猶在。有子爲湖南一縣尉，遇盜燒死，堯文年九十矣，憂悸得病而卒。

陳無已子豐，詩亦可喜，晁以道集中有謝陳十二郎詩卷是也。建炎中，以無已故，特命官。李鄴守會稽，來從鄴作攝局。鄴降虜，豐亦被虜虜而去，無已之後遂無在江左者。豐亦不知存亡，可哀也。

劉道原壯輿，載世藏書甚富。壯輿死，無後，書録於南康軍官庫。後數年，胡少汲過南康，訪之，已散落無餘矣。

行在百官，以祠事致齋於僧寺，多相與徧遊寺中，因遊傍近園館。或齋於道宮亦然。按張文昌僧寺宿齋詩云：「晚到金光門外寺，寺中新竹隔簾多。齋官禁與僧相見，院院開門不得過。」乃知唐齋禁之嚴如此。今律所云作祀事悉禁是也。

韓子蒼詩，喜用「擁」字，如「車騎擁西疇」、「船擁清溪尚一樽」之類；出於唐詩人錢起「城隅擁歸騎」也。

政和神霄玉清萬壽宮，初止改天寧萬壽觀爲之，後别改宮觀一所，不用天寧。若州城無宮觀，卽改僧寺。俄又不用宮觀，止改僧寺。初通撥賜産千畝，已而豪奪無涯。西京以崇德院爲宮，據其産一萬二千畝，〔五〕賃舍錢、園利錢又在其外。三泉縣以不隸州，特置。已而凡縣皆改一僧寺爲神霄下院，駸駸日張，至宣和末方已。

天下神霄，皆賜威儀，設於殿帳座外。面南，東壁，從東第一架六物：曰錦繖、曰絳節、曰寶蓋、曰珠幢、曰五明扇、曰旌；從東第二架六物：曰絲拂、曰旛、曰鶴扇二、曰金鉞、曰如意。西壁，從東第一架六物：曰如意、曰玉斧、曰鶴扇二、曰旛、曰絲拂；西壁，從東第二架曰旌、曰五明扇、曰珠幢、曰寶蓋、曰絳節、曰錦繖。東南經兵火，往往不復在。蜀中多徙于天慶觀聖祖殿，今猶有存者。

神霄以長生大帝君、〔六〕青華帝君爲主，其次曰蓬萊靈海帝君、西元大帝君、東井大帝君、西華大帝君、清都大帝君、中黄大帝君。又有左右仙伯，東西臺吏，二十有二人，繪於壁。又有韓君丈人，祀於側殿，曰此神霄帝君之高賓也。〔七〕其説皆出於林靈素、張虚白、劉棟。〔八〕

天禧中，以王捷所作金寶牌賜天下。至宣和末，又以方士劉知常所鍊金輪頒之天下神霄宫，名曰神霄寶輪。知常言其法以水鍊之成金，〔九〕可鎮分野兵饑之災。時宣和七年秋也，遣使押賜天下。太常方下奉安寶輪儀制，而虜寇已渡矣。〔一〇〕

本朝康保裔，真廟時爲高陽關都部署。契丹入寇，戰死；祖志忠，後唐明宗時討王都戰死；父再遇，太祖時爲將，討李筠戰死；三世皆死國事。

天聖初，宋元憲公在場屋日，夢魁天下。故事，四方舉人集京師，當入見，而宋公姓名偶爲衆人之首，禮部奏舉人宋郊等，公大惡之，以爲夢徵止此矣，然其後卒爲大魁。紹興初，張子韶亦夢魁天下，比省試，類榜坐位圖出，其第一人則張九成也。公殊怏怏。及廷試，唱名亦冠多士，與元憲事正同。

王冀公自金陵召還，不降詔，止於茶藥合中賜御飛白「王欽若」三字，而中使口傳密旨，冀公卽上道。至國門，輔臣以下皆未知。政和中，蔡太師在錢塘，一日中使賜茶藥，亦於合中得大玉環徑七寸，色如截肪。京拜賜，即治行。後二日，詔至，即日起發。二事略相似，然非二人者，必無此事也。

孫策傳，張津常著絳帕頭。帕頭者，巾幘之類，猶今言幞頭也。韓文公云「以紅帕首」，已爲失之。東坡云：「絳帕蒙頭讀道書。」增一「蒙」字，其誤尤甚。

貴臣有疾宣醫及物故敕葬，本以爲恩，然中使挾御醫至，凡藥必服，其家不敢問，蓋有爲醫所誤者。敕葬則喪家所費，至傾竭貲貨，其地又未必善也。故都下諺曰：「宣醫納命，敕葬破家。」慶曆中，始有詔：「已降指揮敕葬，而其家不願者聽之。」西人云：「姚麟敕葬乃絶地，故其家遂衰。」

范文正公喜彈琴，然平日止彈履霜一操，時人謂之范履霜。

韓子蒼和錢遜叔詩云：「叩門忽送銅山句，知是賦詩人姓錢。」蓋唐詩人錢起賦詩以姓爲韻，有「銅山許鑄錢」之句。

撫州紫府觀真武殿像，設有六丁六甲神，而六丁皆爲女子像。黄次山書殿牓曰：「感通之殿。」感通乃醴泉觀舊名，至和二年十二月賜名。而像設亦醴泉舊制也。

東坡先生在中山作戚氏樂府詞最得意，幕客李端叔跋三百四十餘字，敍述甚備。

欲刻石傳後，爲定武盛事，會謫去，不果，今乃不載集中。至有立論排詆，以爲非公作者，識真之難如此哉。

予在成都，偶以事至犀浦，過松林甚茂，問馭卒：「此何處？」答曰：「師塔也。」蓋謂僧所葬之塔。於是乃悟杜詩「黄師塔前江水東」之句。

南朝詞人謂文爲筆，故沈約傳云：「謝玄暉善爲詩，任彦昇工于筆，約兼而有之。」又庾肩吾傳，梁簡文與湘東王書，論文章之弊曰：「詩既若此，筆又如之。」又曰：「謝朓、沈約之詩，任昉、陸倕之筆。」任昉傳又有「沈詩」、「任筆」之語。老杜寄賈至嚴武詩云：「賈筆論孤憤，嚴詩賦幾篇。」杜牧之亦云：「杜詩韓筆愁來讀，似倩麻姑癢處抓。」亦襲南朝語爾。〔二〕往時諸晁謂詩爲詩筆，亦非也。

東蒙蓋終南山峰名。杜詩云：「故人昔隱東蒙峰，已佩含景蒼精龍。故人今居子午谷，獨在陰崖結茅屋。」皆長安也。种明東蒙新居詩亦云：「登遍終南峰，東蒙最孤秀。」南士不知，故註杜詩者妄引顓臾爲東蒙主，以爲魯地。

紹興初，程氏之學始盛，言者排之，至譏其幅巾大袖。胡康侯力辨其不然，曰：「伊川衣冠，未嘗與人異也。」然張文潛元祐初贈趙景平主簿詩曰：「明道新墳草已春，遺風猶得見門人。定知魯國衣冠異，盡戴林宗折角巾。」則是自元祐初，爲程學者幅巾已與人異矣。衣冠近古，正儒者事，譏者固非，辨者亦未然也。

晁氏世居都下昭德坊，其家以元祐黨人及元符上書籍記，不許入國門者數人，之道其一也。嘗於鄭、洛道中，遇降羌，作詩云：「沙場尺箠致羌渾，玉陛俱承雨露恩。自笑百年家鳳闕，一生腸斷國西門。」方是時，士大夫失職如此，安得不兆亂乎？

鄭介夫喜作詩，多至數千篇。謫英州，遇赦得歸，有句云：「未言路上舟車費，尚欠城中酒藥錢。」絶似王元之也。

元祐初，蘇子由爲户部侍郎，建言：「都水監本三司之河渠案，將作監本三司之修造案，軍器監本三司之甲冑案。[三]三司，今户部也，而三監乃屬工部。請三監皆兼隸户部。凡有所爲，户部定其事之可否，裁其費之多寡，而工部任其工之良楛，程其作之遲速。」朝廷從其言，爲立法。及紹聖中，以爲害元豐官制，罷之。建中靖國中，或欲復從元祐，已施行矣，時豐相之爲工部尚書，獨持不可，曰：「設如都水監塞河，軍器監造軍器，而户部以爲不可則已矣，若以爲可，則併任其事可也。今若户部吝其費裁損之，乃令工部任河之決塞，器之利鈍，爲工部者不亦難乎？」議遂寢。相之本主元祐政事者，然其言公正不阿如此，可謂賢矣。

徽宗嘗乘輕舟泛曲江，有宮嬪持寶扇乞書者。上攬筆亟作草書一聯云：「渚蓮參法駕，沙鳥犯鈎陳。」俄復取筆塗去「犯鈎陳」三字，曰：「此非佳語。」此聯實李商隱陳宮詩，亦不祥也。李耕道云。

東坡在黄州時，作西捷詩曰：「漢家將軍一丈佛，詔賜天閑八尺龍。露布朝馳玉關塞，捷烽夜到甘泉宮。似聞指麾築上郡，已覺談笑無西戎。放臣不見天顔喜，但覺草木皆春容。」「一丈佛」者，王中正也。以此詩爲非東坡作耶，氣格如此，孰能辨之？以爲果東坡作耶，此老豈譽王中正者？蓋刺之也。以三百篇言之，「君子偕老」是矣。

南朝謂北人曰「傖父」，或謂之「虜父」。南齊王洪軌，上谷人，事齊高帝，〔一三〕爲青冀二州刺史，勵清節，州人呼爲「虜父使君」。今蜀人謂中原人爲「虜子」，東坡詩「久客厭虜饌」是也，因目北人仕蜀者爲「虜官」。晁子止爲三榮守，民有訟資官縣尉者，曰：「縣尉虜官，不通民情。」子止爲窮治之，果負冤。民既得直，拜謝而去。子止笑諭之曰：「我亦虜官也，汝勿謂虜官不通民情。」聞者皆笑。

紹興末，予見陳魯公。留飯，未食，而揚郡王存中來白事，魯公留予便坐而見之。

存中方不爲朝論所與，予年少，意亦輕之，趨幕後聽其言。會魯公與之言及邊事，存中曰：「士大夫多謂當列兵淮北，爲守淮計，卽可守，因圖進取中原；萬一不能支，卽守大江未晚。此説非也。士惟氣全乃能堅守，若俟其敗北，則士氣已喪，非特不可守淮，亦不能守江矣。今據大江之險，以老彼師，則有可勝之理。若我師克捷，士氣已倍，彼奔潰不暇，然後徐進而北，則中原有可取之理。然曲折尚多，兵豈易言哉！」予不覺太息曰：「老將要有所長。」〔四〕然退以語朝士，多不解也。

東坡在嶺海間，最喜讀陶淵明、柳子厚二集，謂之南遷二友。予讀宋白尚書玉津雜詩有云：「坐卧將何物？陶詩與柳文。」則前人蓋有與公暗合者矣。

凌霄花未有不依木而能生者，惟西京富鄭公園中一株，挺然獨立，高四丈，圍三尺餘，花大如杯，旁無所附。宣和初，景華苑成，移植於芳林殿前，畫圖進御。

政和、宣和間，妖言至多。織文及纈帛有遍地桃，冠有並桃，香有佩香，曲有賽兒，而道流爲公卿受籙。議者謂：桃者，逃也；佩香者，背鄉也；賽者，塞也；籙者，戮也。蔡京書神霄玉清萬壽宮及玉皇殿之類，玉字旁一點，筆勢險急。有道士觀之曰：「此點乃金筆，而鋒芒侵王，豈吾教之福哉？」侍晨李德柔勝之親聞其言，嘗以語先君。

又林靈素詆釋教，謂之「金狄亂華」。當時「金狄」之語，雖詔令及士大夫章奏碑版亦多用之，或以爲靈素前知金賊之禍，故欲廢釋氏以厭之。其實亦妖言耳。

近世士大夫多不練故事，或爲之語曰：「上若問學校法制，當對曰：『有劉士祥在。』問典禮因革，當對曰：『有齊聞韶在。』」士祥、聞韶，蓋國子監太常寺老吏也。史院有竊議史官者，[一五]曰：「史官筆削有定本，箇箇一樣。」或問「何也」，曰：「將吏人編出日曆中，『臣僚上言』字塗去『上』字，[一六]其後『奉聖旨依』字亦塗去，而從旁注『從之』二字，即一日筆削了矣。」

政和後，道士有賜玉方符者，其次則金方符，長七寸，闊四寸，面爲符，背鑄御書曰：「賜某人，奉以行教。有違天律，罪不汝貸。」結於當心，每齋醮則服之。會稽天寧萬壽觀有老道士盧浩真者，嘗被金符之賜。予少時親見之。

世傳唐呂府君勑葬碑。呂名惠恭，僧大濟之父。大濟，代宗時内道場僧也，官至殿中監，故惠恭贈官爲兗州刺史，而官爲營葬。宣和中，會稽天寧觀道士張若水官爲蘂珠殿校籍，贈其父爲朝奉大夫，母封宜人。嘗見其母贈誥云：[一七]「嘉其教子之勤，寵以宜家之號。」詩人林子來亦有贈道官萬大夫焚黄詩。然二人者，品秩猶未高，若林靈素以侍晨，恩數視執政，則贈官必及三代矣。大抵當時道流，濫恩不可勝載，中更喪亂，史皆不得書，此偶因事見之耳。

北都有魏博節度使田緒遺愛碑，張弘靖書；何進滔德政碑，柳公權書，皆石刻之傑也。政和中，梁左丞子美爲尹，皆毁之，以其石刻新頒五禮新儀。

近世名士：李泰發光，一字泰定；晁以道説之，一字伯以；潘義榮良貴，一字子賤；張全真守，一字子固；周子充必大，一字洪道；芮國器燁，〔一八〕一字仲蒙；林黄中栗，一字寬夫；朱元晦熹，一字仲晦。人稱之，多以舊字，其作文題名之類，必從後字，後世殆以疑矣。

王荆公熙寧初召還翰苑。初侍經筵之日，講禮記「曾參易簀」一節，曰：「聖人以義制禮，其詳見於牀笫之間。君子以仁行禮，其勤至於垂死之際。姑息者，且止之辭也，天下之害，未有不由於且止者也。」此説不見於文字，予得之於從伯父彦遠。

校勘記

〔一〕分東西門兩門出　津逮本作「分東西兩門出」。

〔二〕是　説部本作「自」，此從津逮本。
〔三〕三交城　説部本原作「三交域」，此據津逮本改。
〔四〕有聲於時　説部本作「有聲於是」，此從津逮本。
〔五〕一萬二千　津逮本作「二萬一千」。
〔六〕長生大帝君　説部本原脱「長」字，此據津逮本補。
〔七〕高賓　津逮本作「尚賓」。
〔八〕劉棟　何校：一本作「劉煉」，津逮本同何校本。
〔九〕水　津逮本作「汞」。
〔一〇〕渡　津逮本作「渡河」。
〔一一〕亦襲南朝語爾　説郛本作「亦襲南朝市語」。
〔一二〕甲冑　説部本無「甲」字，此據津逮本補。
〔一三〕齊高帝　「齊」字，説部本原闕，空一字，此據津逮本補。
〔一四〕要有所長　説部本無「有」字，此從津逮本。
〔一五〕史院　津逮本「院」字下有「吏」字。

〔一六〕塗去上字　說部本「字」作「言」，此據津逮本改。

〔一七〕贈誥　津逮本作「賜誥」，稗海本作「贈告」。

〔一八〕燁　學津本作「煜」。

老學庵筆記卷十

世多言白樂天用「相」字，多從俗語作思必切，如「爲問長安月，如何不相離」是也。然北人大抵以「相」字作入聲，至今猶然，不獨樂天。老杜云：「恰似春風相欺得，夜來吹折數枝花。」亦從入聲讀，乃不失律。俗謂南人入京師，效北語，過相藍，輒讀其牓曰大廝國寺，傳以爲笑。

中貴楊戩，於堂後作一大池，環以廊廡，扃鐍周密。每浴時，設浴具及澡豆之屬於池上，乃盡屏人，躍入池中游泳，率移時而出，人莫得窺，然但謂其性喜浴於池耳。一日，戩獨寢堂中，有盜入其室，忽見牀上乃一蝦蟆，大可一牀，兩目如金，光彩射人。盜爲之驚仆，而蝦蟆已復變爲人，乃戩也。起坐握劍，問曰：「汝爲何人？」盜以實對。戩擲一銀香毬與之曰：「念汝迫貧，以此賜汝，切勿爲人言所見也。」盜不敢受，拜而出。後以他事繫開封獄，自道如此。

北廟諱同音。「署」字常恕反，「樹」字如遇反，[一]然皆諱避，則以爲一字也。

史杜弼傳：「齊神武相魏時，相府法曹辛子炎諮事云：『取署字。』子炎讀『署』爲『樹』，神武怒其犯諱，杖之。」則「署」與「樹」音不同，當時雖武人亦知之，而今學士大夫乃不能辨。方嘉祐、治平之間，朝士如宋次道、蘇子容輩，皆精於字學，〔二〕亦不以爲言，何也？

東坡素知李廌方叔。方叔赴省試，東坡知舉，得一卷子，大喜，手批數十字，且語黄魯直曰：「是必吾李廌也。」及拆號，則章持致平，而廌乃見黜。故東坡、山谷皆有詩在集中。初，廌試罷歸，語人曰：「蘇公知舉，吾之文必不在三名後。」及後黜，〔三〕廌有乳母年七十，大哭曰：「吾兒遇蘇内翰知舉不及第，它日尚奚望？」遂閉門睡，至夕不出。發壁視之，自縊死矣。廌果終身不第以死，亦可哀也。

楊文公云：「豈期遊岱之魂，遂協生桑之夢。」世以其年四十八，故稱其用「生桑之夢」爲切當，不知「遊岱之魂」出河東記韋齊休事，亦全句也。

閩中有習左道者，謂之明教。亦有明教經，甚多刻版摹印，妄取道藏中校定官名銜贅其後。燒必乳香，食必紅蕈，故二物皆翔貴。至有士人宗子輩，衆中自言：「今日赴明教齋。」予嘗詰之：「此魔也，奈何與之遊？」則對曰：「不然，男女無別者爲魔，男女不親授者爲明教。明教，婦人所作食則不食。〔四〕」然嘗得所謂明教經觀之，誕謾無可取，真俚俗習妖妄之所爲耳。〔五〕又或指名族士大夫家曰：「此亦明教也。」不知信否。偶讀徐常侍稽神録云：「有善魔法者，名曰明教。」則明教亦久矣。

芰，〔六〕菱也。今人謂卷荷爲伎荷。〔七〕伎，立也。卷荷出水面，亭亭植立，故謂之伎荷。或作芰，非是。白樂天池上早秋詩云：「荷芰緑參差，新秋水滿池。」乃是言荷及菱二物耳。

蔡太師作相時，衣青道衣，謂之「太師青」；出入乘棲頂轎子，謂之「太師轎子」。秦太師作相時，裹頭巾，當面偶作一摺，謂之「太師錯」摺樣；第中窗上下及中一二眼作方眼，餘作疎櫺，謂之「太師窗」。

張魏公有重望，建炎以來置左右相多矣，而天下獨目魏公爲張右相；丞相帶都督亦數人，而天下獨目魏公爲張都督，雖夷狄亦然。然魏公隆興中再入，亦止於右相領都督，乃知有定數也。

東坡絶句云：「梨花澹白柳深青，柳絮飛時花滿城。惆悵東闌一株雪，人生看得幾清明？」紹興中，予在福州，見何晉之大著，自言嘗從張文潛遊，每見文潛哦此詩，以爲不可及。余按杜牧之有句云：「砌下梨花一堆雪，明年誰此凭闌干？」東坡固非竊牧之詩者，然竟是前人已道之句，何文潛愛之深也，豈別有所謂乎？聊記之以俟識者。

今人謂後三日爲「外後日」，意其俗語耳。偶讀唐逸史裴老傳，乃有此語。裴，大曆中人也，則此語亦久矣。

嚴州建德縣有崇勝院，藏天聖五年内降劄子設道場云：「皇太后賜銀三十兩，皇太妃施錢二十貫，皇后施錢十貫，朱淑儀施錢五貫。」有仁廟飛白御書，今皆存。蓋院有僧嘗際遇真廟，召見賜衣及香燭故也。猶可想見祖宗恭儉之盛。予在郡初不聞，迫代歸，始知之，不及刻石，至今爲恨。

徐敦立侍郎頗好謔，紹興末，嘗爲予言：「柳子厚非國語之作，正由平日法國語爲文章，看得熟，故多見其疵病。此俗所謂没前程者也。」予曰：「東坡公在嶺外特喜子厚文，朝夕不去手，與陶淵明並稱二友。及北歸，與錢濟明書，乃痛詆子厚時令、斷刑、四維、貞符詩篇，〔八〕至以爲小人無忌憚者。豈亦由朝夕紬繹耶？恐是非國語之報。」敦立爲之抵掌絶倒。

蔡攸初以淮康節領相印，徽宗賜曲宴，因語之曰：「相公公相子。」蓋是時京爲太師，號「公相」。攸卽對曰「人主主人翁」。其善爲諧給如此。

白樂天云：「微月初三夜，新蟬第一聲。」晏元憲云：「緑樹新蟬第一聲。」王荆公云：「去年今日青松路，憶似聞蟬第一聲。」三用而愈工，信詩之無窮也。

蘇子容詩云：「起草才多封卷速，把麻人衆引聲長。」蘇子由詩云：「明日白麻傳好語，曼聲微繞殿中央。」蓋昔時宣制，皆曼延其聲，如歌詠之狀。張天覺自小鳳拜右揆，有旨下閤門，令平讀，遂爲故事。

蔡元長當國時，士大夫問軌革，〔九〕往往畫一人戴草而祭，〔一〇〕輒指之曰：「此蔡字也，必由其門而進。」及童貫用事，又有畫地上奏樂者，曰：「土上有音，童字也。」其言亦往往有驗。及二人者廢，則亦無復占得此卦。紹興中，秦會之專國柄，又多畫三人，各持禾一束，則又指之曰：「秦字也。」其言亦頗驗。及秦氏既廢，亦無復占得此卦矣。若以爲妄，則紹興中如黑象輩畜書數百册，對人檢之，予親見其有三人持禾者在其間，亦未易測也。

祖宗時，有知樞密院及同知、簽署之類。治平後，避諱改曰簽書。政和以後，宦者用事，輒改内侍省都都知曰知内侍省事，〔二〕都知曰同知内侍省事，押班曰簽書内侍省事，蓋僭視密院也。建炎中，始復舊。近有道士之行天心法者，自結銜曰知天樞院事，亦有稱同知、簽書者，又可一笑也。

考工記「弓人」注云：「䐈，亦黏也；音職。」今婦人髮有時爲膏澤所黏，必沐乃解者，謂之䐈，正當用此字。

司馬侍郎朴陷虜後，妾生一子於燕，名之曰通國，實取蘇武胡婦所生子之名名之，而國史不書，其家亦諱之。

太祖開國，雖追尊僖祖以下四廟，然惟宣祖、昭憲皇后爲大忌，忌前一日不坐，則太祖初不以僖祖爲始祖可知。真宗初，罷宣祖大忌。祥符中，下詔復之。然未嘗議及僖祖，則真宗亦不以僖祖爲始祖可知。今乃獨尊僖祖，使宋有天下二百四十餘年，太祖尚不正東向之位，恐禮官不當久置不議也。

興國中，靈州貢馬，足各有二距。其後靈州陷於西戎。宣和中，燕山府貢馬亦然，而北虜之禍遂作。

周越書苑云：郭忠恕以爲小篆散而八分生，八分破而隸書出，隸書悖而行書作，行書狂而草書聖。以此知隸書乃今真書。趙明誠謂誤以八分爲隸，自歐陽公始。

太宗時史官張洎等撰太祖史，凡太宗聖諭及史官采摭之事，分爲朱墨書以別之，此國史有朱墨本之始也。元祐、紹聖皆嘗修神宗實録。紹聖所修既成，焚元祐舊本，有敢私藏者皆立重法。久之，内侍梁師成家乃有朱墨本，以墨書元祐所脩，朱書紹聖所脩，稍稍傳於士大夫家。紹興初，趙相鼎提舉再撰，又或以雌黄書之，目爲黄本。然世罕傳。

先太傅慶曆中賜紫章服，赴閤門拜賜，乃塗金魚袋也。豈官品有等差歟？史丞相言高廟嘗臨蘭亭，賜壽皇於建邸。後有批字云：「可依此臨五百本來看。」蓋兩宫篤學如此。世傳智永寫千文八百本，於此可信矣。

晉人避其君名，猶不避嫌名。康帝名岳，鄧岳改名嶽。唐初不避二名。太宗時猶有民部，李世勣、虞世南皆不避也。至高宗即位，始改爲户部。世南已卒，世勣去「世」字，惟名勣。或者尚如古卒哭乃諱歟？〔三〕

唐王建牡丹詩云：「可憐零落蘂，收取作香燒。」雖工而格卑。東坡用其意云：「未忍污泥沙，牛酥煎落蘂。」超然不同矣。

張繼楓橋夜泊詩云：「姑蘇城外寒山寺，夜半鐘聲到客船。」歐陽公嘲之云：「句則佳矣，其如夜半不是打鐘時。」後人又謂惟蘇州有半夜鐘，皆非也。按于鄴褒中郎事詩云：「遠鐘來半夜，明月入千家。」皇甫冉秋夜宿會稽嚴維宅詩云：「秋深臨水月，夜半隔山鐘。」此豈亦蘇州詩耶？恐唐時僧寺，自有夜半鐘也。京都街鼓今尚廢，後生讀唐詩文及街鼓者，往往茫然不能知，況僧寺夜半鐘乎？

宋文安公自禁庭謫鄜時詩云：「九月一日奉急宣，連忙趨至閤門前。忽爲典午知何罪，謫向鄜州更憮然！」蓋當時謫黜者，召至閤門受命乃行也。

宋文安公集中有省油燈盞詩，今漢嘉有之，蓋夾燈盞也。一端作小竅，注清冷水於其中，每夕一易之。尋常盞爲火所灼而燥，故速乾，此獨不然，其省油幾半。邵公濟牧漢嘉時，數以遺中朝士大夫。按文安亦嘗爲玉津令，則漢嘉出此物幾三百年矣。

祥符中，有布衣林虎上書，真廟曰：「此人姓林名虎，必尚怪者也。」罷遣之。宣和中，有林虎者賜對，徽宗亦異之，賜名於「虎」上加「竹」。然字書初無此字，乃自稱「塡篪」之「篪」。而書名不敢增，但作「篪」云。

吳中卑薄，〔三〕斸地二三尺輒見水。予頃在南鄭，見一軍校，火山軍人也。言火山之南，地尤枯瘠，鋤钁所及，烈焰應手涌出，故以「火山」名軍，尤爲異也。

楚語曰：「若武丁之神明也，其聖之睿廣也，其治之不疚也，猶自爲未艾。」荆公嘗摘取「睿廣」二字入表語中。蔡京爲翰林學士，議神宗謚，因力主「睿廣」二字，而忘其出楚語也。范彝叟折之曰：「此楚語所載，先帝言必稱堯、舜，今乃捨六經而以楚語爲尊號，可乎？」京遂屈。韓丞相師朴亦云：「睿廣但可作僧法名耳。」時亦以爲名言。

今人謂貝州爲甘陵，吉州爲廬陵，常州爲毗陵，峽州爲夷陵，皆自其地名也。惟嚴州有嚴光釣瀨，名嚴陵瀨。嚴陵乃其姓字，瀨是釣處，若謂之嚴瀨尚可，今俗乃謂之嚴陵，殊可笑也！

唐質肅公參禪，得法於浮山遠禪師。嘗作贈僧詩云：「今日是重陽，勞師訪野堂。相逢又無語，籬下菊花黄。」

今人謂娶婦爲「索婦」，古語也。孫權欲爲子索關羽女，袁術欲爲子索吕布女，皆見三國志。

元豐間，有俞充者，諂事中官王中正，中正每極口稱之。一日，充死，中正輒侍神廟言：「充非獨吏事過人遠甚，參禪亦超然悟解。〔一四〕今談笑而終，略無疾恙。」上亦稱歎，以語中官李舜舉。舜舉素敢言，對曰：「以臣觀之，止是猝死耳。」人重其直。

古所謂路寢，猶今言正廳也。故諸侯將薨，必遷於路寢，不死於婦人之手，非惟不瀆，亦以絶婦寺矯命之禍也。近世乃謂死於堂奥爲終於正寢，誤矣。前輩墓誌之類數有之，〔一五〕皆非也。黄魯直詩云：「公虚采蘋宫，行樂在小寢。」按魯僖公薨於小寢，杜預謂「小寢，夫人寢也。」魯直亦習於近世，謂堂爲正寢，故以小寢爲妾媵所居耳。不然既云「虚采蘋宫」，又云「在小寢」，何耶？

王黼作相，其子閎孚作待制，造朝財十四歲，都人目爲「胡孫待制」。

晉人所謂見何次道，令人欲傾家釀，猶云欲傾竭家貲以釀酒飲之也。故魯直云：「欲傾家以繼酌。」韓文公借以作簟詩云：「有賣直欲傾家貲。」王平父謝先大父贈簟詩亦云：「傾家何計效韓公。」皆得晉人本意。至朱行中舍人有句云：「相逢盡欲傾家釀，久客誰能散橐金。」用「家釀」對「橐金」，非也。

錢勰字穆，范祖禹字淳，皆一字。交友以其難呼，故增「父」字，非其本也。

錢穆父風姿甚美，有九子。都下九子母祠作一巾紵美丈夫，坐於西偏，俗以爲九子母之夫。故都下謂穆父爲九子母夫。東坡贈詩云：「九子羨君門户壯。」蓋戲之也。

保壽禪師作臨濟塔銘云：「師受黄蘗印可，尋抵河北鎮州城東，臨滹沱河側小院住持，名臨濟。其後墨君和太尉於城中捨宅爲寺，亦以『臨濟』爲名。」墨君和名見唐書及五代史。其事甚詳。近見吕元直丞相燕魏録載：「真定安業坊臨濟院，乃昭憲杜太后故宅。」按保壽與臨濟乃師弟子，不應有誤。豈所謂臨濟院者，又嘗遷徙耶？

謝任伯參政在西掖草蔡太師謫散官制，大爲士大夫所稱。其數京之罪曰：「列聖詒謀之憲度，掃蕩無餘；一時異議之忠賢，耕鋤略盡。〔一六〕」其語出於張文潛論唐明皇曰「太宗之法度，廢革略盡；貞觀之風俗，變壞無餘」也。

吕進伯作考古圖云：「古彈棋局，狀如香爐。」蓋謂其中隆起也。李義山詩云：「玉作彈棋局，中心亦不平。」今人多不能解。以進伯之説觀之，則粗可見，然恨其藝之不傳也。魏文帝善彈棋，不復用指，第以手巾角拂之。有客自謂絶藝，及召見，但低首以葛巾角拂之，文帝不能及也。此説今尤不可解矣。大名龍興寺佛殿有魏宫玉石彈棋局，〔一七〕上有黄初中刻字，政和中取入禁中。

昭德諸晁謂「壻爲借倩」之「倩」，云近世方訛爲「倩盼」之「倩」。予幼小不能叩所出，至今悔之。

紹聖、元符之間，有馬從一者，監南京排岸司。適漕使至，隨衆迎謁。漕一見怒甚，即叱之曰：「聞汝不職，未欲按汝，〔一八〕何以不亟去？尚敢來見我耶！」從一皇恐，自陳湖湘人，迎親竊禄，求哀不已。漕察其語南音也，乃稍霽威云：「湖南亦有司馬氏乎？」從一答曰：「某姓馬，監排岸司耳。」漕乃微笑曰：「然則勉力職事可也。」初蓋誤認爲温公族人，故欲害之。自是從一刺謁，但稱監南京排岸而已。傳者皆以爲笑。

蔡太師父準，葬臨平山，爲駞形。術家謂駞負重則行，故作塔於駞峰。而其墓以錢塘江爲水，越之秦望山爲案，可謂雄矣。然富貴既極，一旦喪敗，幾於覆族，至今不能振。俗師之不可信如此。

該聞録言：「皮日休陷黄巢爲翰林學士，巢敗被誅。」今唐書取其事。按尹師魯作大理寺丞皮子良墓誌，稱：「曾祖日休，避廣明之難，徙籍會稽，依錢氏，官太常博士，贈禮部尚書。祖光業，爲吴越丞相。父璨，爲元帥府判官。三世皆以文雄江東。」據此，則日休未嘗陷賊爲其翰林學士被誅也。光業見吴越備史頗詳。孫仲容在仁廟時，仕亦通顯，乃知小說謬妄，無所不有。師魯文章傳世，且剛直有守，非欺後世者，可信不疑也。故予表而出之，爲龔美雪謗於泉下。

鄒忠公夢徽廟賜以筆，作詩記之。未幾，疾不起。説者謂「筆」與「畢」同音，蓋杜牧夢改名畢之類。

唐小説載李紓侍郎駡負販者云：「頭錢價奴兵。」「頭錢」，猶言「一錢」也。故都俗語云「千錢精神頭錢賣」，亦此意云。

楊朴處士詩云：「數箇胡皴徹骨乾，一壺村酒膠去聲牙酸。〔一九〕」南楚新聞亦云：「一楪氈根數十皴，盤中猶自有紅鱗。」不知皴何物，疑是餅餌之屬。

白樂天寄裴晉公詩云：「聞説風情筋力在，只如初破蔡州時。」王禹玉送文太師詩云：「精神如破貝州時。」用白語而加工，信乎善用事也。

校勘記

〔一〕如遇反　津逮本作「殊遇反」。

〔二〕字學　津逮本作「小學」。

〔三〕及後黜　津逮本作「及被黜」。

〔四〕婦人　津逮本「婦」字上有「遇」字。
〔五〕真俚俗習妖妄之所爲　津逮本作「直俚俗習妖妄者所爲」。
〔六〕芰　津逮本作「芰」；下同。
〔七〕伎荷　津逮本作「伎荷」，誤；下同。
〔八〕詩篇　津逮本作「諸篇」。
〔九〕軌革　津逮本作「軌革」；學津本仍作「軌革」。
〔一〇〕戴草　説部本作「戴革」，據津逮本。
〔一一〕内侍省都都知　津逮本作「内侍省都知」，似誤。
〔一二〕説部本此條與上條同置於一條内，此從津逮本析爲兩條。
〔一三〕卑薄　何校、説郛本作「地薄」。
〔一四〕超然悟解　説部本無「解」字，此從津逮本補。
〔一五〕數有之　津逮本作「數數有之」。
〔一六〕耕鋤　津逮本作「耘鋤」。
〔一七〕大名　原作「大明」，據學津本、稗海本改。

〔一八〕未欲　津逮本作「正欲」。

〔一九〕去聲　津逮本無「去聲」二字。

老學庵續筆記一卷[二]

麻姑傳：王方平曰：「吾子不喜作狡獪事。」蓋古謂戲爲「狡獪」，列異傳云：「北地傳書，小女折荻作鼠以狡獪」，是也。今人間爲小兒戲爲「狡頑」，蓋本於此。或謂奸猾爲狡獪，則失之。

吴會當爲吴興、會稽兩郡邑，吾固言之。偶讀文選魏文帝詩云：「惜哉時不遇，適與飄風會；吹我東南行，行行至吴會。」兩用「會」字爲韻，昔人所無。後一韻爲會稽之「會」，何疑焉。然誤爲都會之「會」已久，雖名輩，或承誤用之。又南史隱逸褚伯玉傳：「齊高帝手詔，吴、會二郡，以禮迎遣。」

隋書元胄傳：「文帝嘗於正月十五日與近臣登高。時胄不在，上卽令馳召之。及胄見，上謂曰：『公與外人登高，未若就朕也。』賜宴極歡。」正月十五日登高，不見他書，當考之。韓退之有人日登高詩。

唐初，魏鄭公等撰隋書，以隋文帝之父名忠，故凡「忠」字皆謂之「誠」，謂死事之臣爲誠節傳，書中凡忠臣皆曰「誠臣」。書作於唐，猶爲隋避諱，驟讀之，殆不可曉。太宗詩云：「疾風知勁草，板蕩識誠臣。」亦是避隋諱耳。

海南儋、崖諸郡，出勒竹杖，大於溜竹，膚有芒，可以剉爪。東坡云「倦看溜勒暗蠻村」者是也。

嘉祐四友：王荆公、吕申公、司馬温公、韓少師。

元祐四友：蘇子瞻、錢穆公、王仲至、蔣穎叔。

梅宛陵詩，好用「案酒」，俗言「下酒」也，出陸璣草木疏：「荇，接余也。〔三〕白莖，葉紫赤色，正圓，徑寸餘，浮水上，根在水底，與之深淺。莖大如釵股，上青下白。煮其白莖，以苦酒浸之，脆美可案酒。」今北方多言「案酒」。

余在蜀，見東坡先生手書一軸曰：「黄幡綽告明皇，求作白打使，此官亦快人意哉！」味東坡語，似以「白打」爲摶擊之意。然王建宫詞云：「寒食内人長白打，庫中先散與金錢。」則白打似是博戲耳，不知公意果何如耳？

王羲之之先諱「正」，故法帖中謂「正月」爲「一月」，或爲「初月」，其他「正」字率以「政」代之。

唐有一種色，謂之退紅。王建牡丹詩云：「粉光深紫膩，肉色退紅嬌。」王貞白娼樓行云：「龍腦香調水，教人染退紅。」花間集樂府云：「牀上小薰籠，韶州新退紅。」蓋退紅若今之粉紅，而髹器亦有作此色者，今無之矣。紹興末，縑帛有一等似皁而淡者，謂之不肯紅，亦退紅類耶？

老泉布衣時，初未有名。雅安守劉太簡簡夫獨深知之，以書薦於韓魏公、歐陽文忠公、張文定公，辭甚切至，文亦高雅，今蜀人多傳其本，而東坡、潁濱二公獨無一語及太簡者。老泉集中，與太簡往來亦止有辭召試一書耳。如與太簡請納拜書，蜀人至今傳之，集亦不載。初疑偶然耳，久之又得老蘇所作太簡墓銘，亦不在集中，乃知編集時有意删去。不知其意果何如也。

蔡元慶對客喜笑，溢於顔面，雖見所甚憎者，亦親厚無間，人莫能測，謂之「笑面夜叉」。盛章尹京典藩，以慘毒聞，殺人如刈草菅，然婦態雌聲，欲語先笑，未嘗正視人。或置人死地時，亦柔懦不異平日。此尤可怪也。

太宗自京尹嗣位，秦王繼之。秦王敗，但命近臣權知開封，百餘年間，非東宫親王，不去權字。意謂尹京師，祖宗曾爲之，故人臣不敢居。猶唐以太宗嘗爲尚書令，三百年之間無敢爲者，雖郭尚父之勳業，亦避之也。

市井中有補治故銅鐵器者，謂之「骨路」，莫曉何義。春秋正義曰：「說文云：『錮，塞也。』鐵器穿穴者，鑄鐵以塞之，使不漏。禁人使不得仕宦，其事亦似之，謂之禁錮。」余案：「骨路」正是「錮」字反語。

漢書，酇侯音贊，今亳州酇縣乃音才何反。而字書「鄼」字亦才何反，云邑名，一作酇；而贊字部又有「酇」字，亦云邑名。按班固十八侯銘云：「文昌四友，漢有蕭何；序功第一，受封爲酇。」唐楊巨源丹鳳樓宣赦上門下相公詩云：「請問漢家功第一，麒麟閣上識酇侯。」是字有二音，顏注未必是也。

太史公作張耳陳餘傳：「秦將詐稱二世使人遺李良書曰：『良嘗事我得顯幸。良誠能反趙爲秦，赦良罪，貴良。』」四句疊用四「良」字。馮唐傳：「上曰：『嗟乎，吾獨不得廉頗、李牧爲吾將。吾豈憂匈奴哉？』」兩句疊用三「吾」字，而語若飛動，減一字不得。杜少陵曲江詩云：「一片飛花減卻春，風飄萬點正愁人。且看欲盡花經眼，莫厭傷多酒入脣。江上小堂巢翡翠，花間高冢卧麒麟。細推物理須行樂，何用浮名絆此身？」三聯中疊用三「花」字，而意不重複，又何好也！

王元之詩云：「兩株紅杏映籬斜，妝點香山副使家。何事春風容不得，和鶯吹折數枝花！」語雖極工，然大風折樹而鶯猶不去，於理未通，當更求之。

校勘記

〔一〕本卷續筆記係自説郛中輯出，但所載似是摘引，非全文。

〔二〕挼余　當是「接余」之誤。爾雅釋草云：「莕，接余」。莕即荇字，故朱熹詩集傳注詩周南關雎「參差荇菜」云，「荇，接余也」。「接」、「挼」形近致誤。

老學庵續筆記佚文三條

（蘇）叔黨宣和辛丑歲得隙地於許昌之西湖，葺爲園亭。是年叔黨甫五十，嘗曰：「陶淵明以辛丑歲游斜川，而詩云『開歲忽五十』，是吾與淵明同甲子也。今吾得園之歲，與淵明游斜川之歲適同。因以『小斜川』名之。」或者謂叔黨家本川人，而在元祐邪籍，故名「斜川」，恐不然也。（永樂大典卷二四〇一）

東都定力院井泉，甘寒，可亞閤門井。佛殿庭下有七葉樹，一名莎羅樹，亦他處所無。朝士使人汲泉，輒令取樹一葉爲驗。（永樂大典卷一四五三七）

今燕俗於公服下着二襜，故軀幹夭矯，便於乘馬。或笑以爲似一大樱，然故事重吾輔臣，賜公服衫袴外，以紅繡直繫及三襜，但不知其制何如耳。（永樂大典卷一九七九二）

附録

一、宋史陸游傳（卷三九五）

陸游字務觀，越州山陰人。年十二能詩文，蔭補登仕郎。鎖廳薦送第一，秦檜孫塤適居其次，檜怒，至罪主司。明年，試禮部，主司復置游前列，檜顯黜之，由是爲所嫉。檜死，始赴福州寧德簿，以薦者除敕令所删定官。

時楊存中久掌禁旅，游力陳非便，上嘉其言，遂罷存中。中貴人有市北方珍玩以進者，游奏：「陛下以『損』名齋，自經籍翰墨外，屏而不御。小臣不體聖意，輒私買珍玩，虧損聖德，乞嚴行禁絶。」

應詔言：「非宗室外家，雖實有勳勞，毋得輒加王爵。頃者有以師傅而領殿前都指揮使，復有以太尉而領閤門事，瀆亂名器，乞加訂正。」遷大理寺司直兼宗正簿。

孝宗即位，遷樞密院編修官兼編類聖政所檢討官。史浩、黄祖舜薦游善詞章，諳典故；召見，上曰：「游力學有聞，言論剴切。」遂賜進士出身。入對，言：「陛下初即位，乃信詔令以示人之時，而官吏將帥一切玩習，宜取其尤沮格者，與衆棄之。」

和議將成，游又以書白二府曰：「江左自吴以來，未有捨建康他都者。駐蹕臨安出於權宜，形勢不固，饋餉不便，海道逼近，凛然意外之憂。一和之後，盟誓已立，動有拘礙。今當與之約，建康、臨安皆係駐蹕之地，北使朝聘，或就建康，或就臨安，如此則我得以暇時建都立國，彼不我疑。」

時龍大淵、曾覿用事，游爲樞臣張燾言：「覿、大淵招權植黨，熒惑聖聽，公及今不言，異日將不可去。」燾遽以聞，上詰語所自來，燾以游對。上怒，出通判建康府，尋易隆興府。言者論游交結臺諫，鼓唱是非，力説張浚用兵，免歸。久之，通判夔州。

王炎宣撫川、陝，辟爲幹辦公事。游爲炎陳進取之策，以爲經略中原必自長安始，取長安必自隴右始。當積粟練兵，有釁則攻，無則守。吴璘子挺代掌兵，頗驕恣，傾財結士，屢以過誤殺人，炎莫誰何。游請以玠子拱代挺。炎曰：「拱怯而寡謀，遇敵必敗。」游曰：「使挺遇敵，安保其不敗。就令有功，愈不可駕馭。」及挺子曦僭叛，游言始驗。

范成大帥蜀，游爲參議官，以文字交，不拘禮法，人譏其頽放，因自號放翁。後累遷江西常平提舉。江西水災，奏撥義倉賑濟，檄諸郡發粟以予民。召還，給事中趙汝愚駮之，遂與祠。起知嚴州，過闕，陛辭，上諭曰：「嚴陵山水勝處，職事之暇，可以賦詠自適。」再召入見，上曰：「卿筆力回斡甚善，非他人可及。」除軍器少監。紹熙元年，遷禮部郎中兼實録院檢討官。嘉泰二年，以孝宗、光宗兩朝實録及三朝史未就，詔游權同修國史、實録院同修撰，免奉朝請，尋兼祕書監。三年，書成；遂升寶章閣待制，致仕。

游才氣超逸，尤長於詩。晚年再出，爲韓侂胄撰南園閲古泉記，見譏清議。朱熹嘗言：「其能太高，迹太近，恐爲有力者所牽挽，不得全其晚節。」蓋有先見之明焉。嘉定二年卒，年八十五。

二、各家著録與論跋

1 陳振孫直齋書録解題卷一一老學庵筆記一〇卷。陸游務觀撰。生識前輩，年登耄期，所記所聞，殊可觀也。

2 宋史藝文志（卷二〇三藝文二）陸游：老學庵筆記一卷。

3 毛晉汲古閣書跋老學庵筆記跋

兹集向編稗海函中，人争謂其拾得小碎如五色線、酉陽雜俎之類。讀至「仁宗飛白」、「哲宗宸翰」、「張德遠誅范瓊於建康獄中，都人皆鼓舞；秦會之殺岳飛於臨安獄中都人皆涕泣」、「王仲信守父書而不願官秦熺」、「任元受視母病而不肯就魏公」諸則，真足補史之遺而糾史之謬，寧僅僅「杜宇爲謝豹」、「不律爲緑沉」，多識於鳥獸草木之名耶？湖南毛晉識。

4　四庫全書總目提要（卷一二一子部雜家類）

老學庵筆記十卷、續筆記二卷，江蘇巡撫採進本。宋陸游撰。游有入蜀記，已著録。案宋史藝文志雜史類中載陸游老學庵筆記一卷，陳振孫書録解題作十卷，與此本合，宋史蓋傳刻之誤。續筆記二卷，陳氏不著於録，疑當時偶未見也。振孫稱其生識前輩，年及耄期，所記見聞，殊有可觀。文獻通考列之小説家中。今檢所記，如楊戬爲蝦蟆精，錢遜叔落水神救之類，近怪異者僅一兩條。鮮于廣題逸居集、曾純甫對蕭鷓巴之類，雜諧戲者亦不過七八事，其餘則軼聞舊典，往往足備考證。惟以其祖陸佃爲王安石客，所作埤雅多引字説，故於字説無貶詞，於安石亦無譏語。而安石龍睛事併述埤雅之謬談，不免曲筆。杜甫詩有「蔚藍天」字，本言天色，故韓駒承用其語，有「水色天光共蔚藍」句。游乃稱「蔚藍」爲隱語天名。今考蔚藍天名别無所出，惟杜田註引度人經。然度人經所載「三十二天」有東方太黄皇曾天，其帝曰「鬱鑑玉明」，則是帝名「鬱鑑」，非天名「蔚藍」。游説反誤。又稱宋初人尚文選，草必稱「王孫」，梅必稱「驛使」，月必稱「望舒」，山必稱「清暉」。今考「驛使寄梅」出陸凱詩，昭明所録，實無此作，亦記憶偶疎。不止朱國楨湧幢小品所糾「游岱之魂」一條不知引駱賓王請中宗封禪文，王肯堂鬱岡齋筆麈所糾記諸晁謂壻爲借倩一條不知出郭璞方言註也。然大致可據者多，不以微眚而掩。宋史藝文志又載游山陰詩話一卷，今其書不傳，此編論詩諸條，頗足見游之宗旨，亦可以補詩話之闕矣。

5 武億授堂文鈔卷二書老學庵筆記後

老學庵筆記十卷，宋陸務觀攟摭細碎，探賾辨物，非苟爲言者也。然其書尤喜於當時遺制，多所存録，而中亦多疵繆，豈隨時劄記，不及詳而失之易也與？四卷内云：「舊制，丞相署敕皆著姓，官至僕射則去姓。元豐新制以僕射爲相，故皆不署姓。」考之敕賜壽聖禪院額牒在熙寧元年二月，後署銜左僕射兼門下平章事，已不著姓，則必非元豐新制始然。又五卷内云：「本朝進士初亦如唐制，兼採時望，真廟時周安惠公起始建糊名法。」予綜其實，亦非篤論也。東坡集題伯父謝啓後：「天聖中，伯父中都公始舉進士於眉，年二十有二。時進士法寬，未有糊名也。」東坡題其家集如此，蓋皆得之目見，而又在陸氏前，宜其言之不苟，然陸氏反謂糊名自真廟，何也？陸氏嫻於掌故，猶有不可依據如此，况世之影聞者與？士不通古今，而欲望爲通學，豈不亦難與！

6 黄丕烈士禮居藏書題跋記續老學庵筆記十卷，校宋本。

「老學庵筆記，先太史淳熙間所著也。紹定戊子，刻之桐江郡庠。幼子奉議郎權知嚴州軍兼管内勸農事借紫子遹謹書」。案，影宋鈔無此跋。乙亥五月記。……

……

嘉慶丙辰正月初九，風雪殊甚。初十日，雪雖止，風尚狂，寒威逼人，春令不減嚴冬也。鄉人有自新安來者，云射瀆官塘有凍死者三人，則他處之爲風雪所困者必多，不亦哀乎！余枯坐書齋，呵凍校書，反爲消寒樂事。視圍爐煖閣，幾自笑其寒酸矣！

客歲借余友顧澗蘋校本老學庵筆記，至今春，始爲傳録。渠所校爲明會稽商濬本，是稗海中所梓。今此本亦同，然其中已有改正處，未識是翻板否？嘉慶元年中澣一日，校畢書，棘人黄丕烈。

東城顧五癡家，有影宋鈔本，余曾見之，惜需值太昂，未之得也。擬假一對，以著異同。蕘圃氏。……

嘉慶乙亥，重閲此，已越廿年矣。計跋此尚在昭明巷老屋，今一再遷徙，家中人唯老妻猶是舊有者，長婦及幼兒幼女三孫皆後添矣。長兒已亡，長女次女已嫁，時事變遷，可感也夫。

乙亥四月八日，用新收影宋本校前五卷，并鈎勒行款，補潤蕢、陸敕先校本所未及也。余檢此書後五卷，影宋本雖殘帙，亦未易得，故但借校之。其前五卷，未嘗有影宋本也。今忽得影宋十卷，可喜之至，手校如左。其後五卷，親見影宋本，故不復校也。復翁。

余收得影宋本，友人張訒庵借校，并此校本同借去。五月初一抵莫還余。適有事，未及檢點。明晨，坐百宋一廛中，檢點及此。此訒庵於臨校時代爲讎勘，並補後五卷所未校者。如此獲借書益，勝於還書一瓻多矣！惜訒庵古道，不即手録於上，僅以夾籤識之，尤慎之至也。廿止醒人記。

一至四，影宋本，張訒庵補校十條。五至七，張訒庵補校十條。按七卷毛斧季校殘宋本後半卷，影宋如之，訛謬獨少。甚哉，宋刻之可寶而影宋之亦可信也。八至十，張訒庵補校九條。通十卷，共補校廿九條。廿止醒人手録，乙亥五月二日。

此書臨校宋本，今已閲廿年，境界非昔可比，而所見之書又有影宋本全部出，爲余補昔日所不逮。余之享書福，不可謂不厚。豈此一事果足折諸福使余窘迫無地耶！家計日拙，雖迫於男婚女嫁衣長食闊之累，前跋已略及之，而此書所載廿止醒人之自號，蓋余取淵明詩意寫照。所云「廿止醒人」者，淵明詩止酒一章廿句，句有廿止字，止酒則醒矣。故余戲取以爲自號云。余自甲寅丁外艱，乙卯遭火災，遂至日蹙一日。然此二十年來，縱極支絀，不如今日之甚，究由余之夢夢也。今醒矣，殆將自止矣！淵明詩本有廿止字，而今適當廿年，非前定耶？廿止醒人之自號，抑何巧耶！乙亥端陽前四日，復翁丕烈記。

7 顧廣圻思適齋書跋老學庵筆記十卷，校景宋本。

是書毛子晉刊入放翁集行於世。余嘗見陸敕先用鈔本所校，斧季又用景宋本校，後五卷用殘宋槧本校。第七後半卷及第八卷改補諸處，每與此刻合，今以朱筆圈别識之。蓋此刻所據乃善本也。獨是子晉跋語，首稱向刻稗海函中，宜用此爲底本，而相出入如此。敕先、斧季又絶不及此刻一語，皆所未解也。乾隆六十年歲次乙卯正月十一日，澗薲顧廣圻校畢記。

又：陸敕先用宋本校汲古毛氏所刊。今歸小讀書堆取勘，此刻頗多與宋本合者，實勝毛本遠甚，已悉圈其旁爲識。其他異同仍載如右。乙卯四月，澗薲又記。

又：景宋本止有後五卷，毛斧季所據亦然，豈宋槧已不全耶？丁巳七月，假得較一過如右。至其本有評語，極淺陋可笑，而末題唐子畏名，兹悉削不録。恐閲者仍惑焉，爰並識之。二十八日鐙下顧廣圻書。

8 瞿鏞鐵琴銅劍樓藏書目録卷一六

老學庵筆記十卷，校宋本，宋陸游撰。毛氏刻本有脱譌處。刊成後，子晉子奏叔借得蕭瑶彩藏舊鈔本校正，已不及追改矣。卷末録舊跋數行，云：「老學庵筆記，先太史淳熙、紹熙間所著也。紹定戊子，刻之桐江郡庠。幼子奉議郎權知嚴州軍事兼管内勸農事借紫子遹謹書。」

9 李慈銘越縵堂讀書記：老學庵筆記，宋陸游撰。

閲老學庵筆記，亦湖北書局所刻，據津逮秘書本，而誤字頗多，不及毛刻遠甚，又止刻十卷，而闕其續筆記二卷，其草率可知。放翁此書，在南宋時足與猗覺寮雜記、曲洧舊聞、梁谿漫志、賓退録諸書並稱。其雜述掌故，間考舊文，俱爲謹嚴；所論時事人物，亦多平允。四庫提要譏其「以其祖左丞之故，於王氏及字説俱無貶辭，不免曲筆」。今考其書於荆公亦無甚稱述，如云輕沈文通以爲寡學，誚鄭穀夫不識字，又不樂滕元發目爲「滕屠」、「鄭酤」，及裁減宗室恩數諸條，俱不置斷語，而言外似有未滿意。惟一條云：「先左丞言荆公有詩正義一部，朝夕不離手，字大半不可辨，世謂荆公忽先儒之説，蓋不然也」。則荆公本深於經學，所記自非妄説。其言字説，亦祇一條，云：「字説盛行時，有唐博士耜、韓博士兼皆作字説解數十卷，太學諸生作字説音訓十卷，劉全美作字説偏旁音釋一卷，字説備檢一卷，又以類相從爲字會二十卷，以及故相吴元中、門下侍郎薛肇明等詩文之用字説」，而亦未嘗加論斷。至所舉「十目視隱爲直」，則本説文義也。其論詩數十條，亦多可觀。劍南於此事本深，尤宜其談言微中。（光緒戊寅（一八七八）四月十四日）

老學庵筆記云：「近世名士李泰發光一字泰定，晁以道説之一字伯以，潘義榮良貴一字子賤，張全真守一字子固，周子充必大一字洪道，芮國器燁一字仲蒙，林黄中栗一字寬夫，朱元晦熹一字仲晦，人稱之多以舊字，其作文題名之類，必從後字，後世殆以爲疑矣。」案諸公皆放翁所及見，宜得其實。後人惟朱子之字仲晦，尚有知者，若先莊簡公之一字，雖譜牒亦失載也。

老學庵筆記掌故最多。其述官制者，如云舊制兩省中書在門下之上，元豐易之。

案唐制初亦中書在門下之上，大曆以後，門下居上，余別有考，在越縵堂戊午日記下卷。舊制丞相署敕皆著姓，案此丞相謂中書門下侍郎也，非南渡後左右丞相之謂。官至僕射則去姓。元豐新制以僕射爲相，故皆不著姓。今官制光禄大夫轉銀青，銀青轉金紫，金紫轉特進。五代以前乃自銀青轉金紫，金紫轉光禄，光禄轉特進，據馮道長樂老序所載甚詳。案隋、唐制如此。六朝、後魏則光禄大夫上更有左、右光禄大夫兩階。「宗正卿少，祖宗因唐故事，必以國姓爲之，然不必宗室也。元豐中始兼用庶姓，而知大宗正事設官始於濮安懿王，始權任甚重，後頗鐫損之。故事臺官無待經筵者，賈文元公爲中丞，仁祖以其精於經術，特召侍講邇英，自此遂爲故事」。「唐人本謂御史在長安者爲西臺，言其雄劇，以別分司東都，事見劇談録。本朝都汴，謂洛陽爲西京，置御史臺，至爲散地，以其在西京號西臺，名同而實異也」。「江鄰幾嘉祐雜志言唐告身初用紙，肅宗朝有用絹者，貞元後始用綾。予在成都，見周世宗除劉仁瞻侍中告乃用紙，在金彦亨尚書處」。「自元豐官制尚書省復二十四曹，繁簡絶異。時有語曰：『吏勳封考，筆頭不倒；户度金倉，日夜窮忙，禮祠主膳，不識判硯；兵職駕庫，典了襏袴；刑都比門，總是冤魂；工屯虞水，白日見鬼。』及大駕幸臨安，喪亂之後，士大夫亡失告身批書者多，又軍賞百倍平時，賄賂公行，冒濫相乘，饟軍日滋，賦斂愈繁，而刑獄亦衆，故吏、户、刑三曹吏胥，人人富饒，諸曹寂寞彌甚。吏輩又爲之語曰：『吏勳封考，三婆兩嫂；户度金倉，細酒肥羊；禮祠主膳，淡喫齏麪；兵職駕庫，齩薑呷醋；刑都比門，人肉餛飩；工屯虞水，生身餓鬼。』」「唐以來皇子不兼師傅官，以子不可爲父師也，其後失於檢照，乃有兼者。治平中賈黯草東陽郡王顥檢校太傅制，建明其失，自後皇子及宗室卑行合兼三師者，悉改爲三公。政和中，省太尉、司徒、司空之官而制少師、少傅、少保，皇子乃復兼師傅，自嘉王楷始。」「今參知政事恩數比門下中書侍郎，在尚書左右丞之上，其議出於李漢老邴。漢老時爲右丞，蓋暗省轉廳，案宋以尚書左右丞爲執政官，故恩數與參知等。舊制左右丞轉參知，參知有二人，號東西廳，故曰轉廳。可徑登揆路也。自此遂爲定制」。「史魏公自少保六轉至於太師，中間近三十年，福壽康寧，本朝一人而已。文潞公自司空四轉，蔡太師自司空三轉，秦太師自少保兩轉而已」。「故事，謫散官雖别駕司馬，皆封賜如故。故宋尚書白在鄜時詩云：『經時不巾櫛，慵更佩金魚』；東坡先生在儋耳亦云，『鶴鬢驚全白，犀圍尚半紅』是也。至司户參軍，則奪封賜，故世傳寇萊公謫雷州，借録事參軍緑袍拜命，短纔至膝；曾丞相謫廉州司户，亦借其姪緑袍拜命云」。「唐自輔相以下，皆謂之京官，言官於京師也。其常參者曰常參官，未常參者曰未常參官。國初以常參官預朝謁，故謂之升朝官，案，唐亦有朝官之稱，自太常博士補闕以上常朝者曰朝官。而未預者曰京官。元豐官制行，以通直郎以上朝預宴坐，仍謂之升朝官，而按唐制去京官之名，凡條制及吏牘，止謂之承務郎以上，然俗猶謂之京官。唐所謂丞郎，謂左右丞、六曹侍郎也，尚書雖序左右丞上，然亦通謂之丞郎，猶今言侍從官也。案此似誤，自唐溯晉，皆以六尚書並左右僕射，若五尚書或僕射止一人，則並數尚書令稱八座，無稱尚書爲丞郎者。丞郎自是左右丞、六侍郎之省文。「或謂丞郎爲左右丞、中書門下侍郎，非也」。「羣臣賜金魚者，執政則正透，從官則倒透」。凡此諸條，多史志未詳。其尤有關係者，論太祖配位云：「太祖開國，雖追尊僖祖以下四廟，然惟宣祖昭憲皇后爲大忌，忌前一日不坐朝。則太祖初不以僖祖爲始祖可知。真宗初罷宣祖大忌，祥符中下詔復之，然未嘗議及僖祖，則真宗亦不以僖祖爲始祖可知。今乃獨尊僖祖，使宋有天下二百四十餘年，太祖尚不正東向之位，恐禮官不當久置不議也」。論宗室名行云：「仁宗賜宗室名，太祖下曰『世』，太宗下曰『仲』，秦王下曰『叔』，皆兄弟行。『世』卽長也，其後世字之曾孫又曰『伯』，則失之。」論教主云：「本朝廢后入道，謂之『教主』。郭后曰金庭教主，孟后曰華陽教主，其實乃一師號耳。政和後，羣黃冠乃敢上道君尊號曰『教主』，不祥甚矣。孟后在瑶華宫，遂去教主之稱，以避尊號，可怪也。」

論錢文云：「歐陽公記開寶錢文曰『宋通』。予案周顯德錢文曰『周通』，故國初因之，亦曰『宋通』。建隆、乾德中皆然，不獨開寶也。至太平興國以後，乃以年號爲錢文。」

論一州數守云：「祥符東封，命王欽若、趙安仁並判兖州，二公皆見任執政也。慶曆初，西鄙未定，命夏竦判永興，案即今陝西西安府。陳執中、范雍知永興，一州二守，一府三守，不知當時如何分職事？既非長貳，文移書判之類，必有程式。官屬胥吏，何所禀承？國史皆不載。然當時諫官御史，不以爲非，諸公受之，亦不力辭，豈在其時亦爲便於事耶？宣和中復幽州，以爲燕山府，蔡靖知府，郭藥師同知。既增同字，則爲長貳，與慶曆之制不同。」

論節鎮云：「韓魏公罷政，以守司徒兼侍中、鎮安武勝軍節度使，累章牢辭，至以爲恐開大臣希望僭忒之階，遂改淮南節。元豐間文潞公亦加兩鎮，引魏公事辭，卒亦不拜。紹興中，張俊、韓世忠乃以扞虜有功，拜兩鎮，俄又加三鎮。二人皆武人，不知辭，當時士大夫曰，若加一鎮，即爲四鎮，如朱全忠矣。」此等卓論，皆足裨宋史。又如賜無畏一條，言「唐五代間功臣，多賜無畏。韓偓金鑾密記云：『面處分，自此賜無畏，兼賜金三十兩』；又云：『已曾賜無畏，卿宜凡事皆盡言。』

直是鄙俚之言亦無畏。以此觀之，無畏者，許之無所畏憚也，蓋起於唐末」。又習何論一條云：「國初，韻略載進士所習有何論一首；施肩吾及第，敕亦列其所何論一首，蓋如三傑佐漢孰優、四科取士何先之類。」二事尤他書所未聞。四庫提要所稱頗寥寂，故類而録之，以見放翁學識過人，即以此書而論，亦説部之傑出也。四月二十九日

老學庵筆記中有賜無畏一條，謂唐季五代功臣，多賜無畏，引韓偓金鑾密記云云，當是始於唐末。案唐孟棨本事詩載玄宗召李白賦宮中行樂詩，白頓首曰：「寧王賜臣酒，今已醉。儻陛下賜臣無畏，始可盡臣薄技。」是唐初早有此語也。無畏蓋即漢時入朝不趨等事之遺意。光緒己卯（一八七九）七月十七日

又：論容齋隨筆條

宋時説部，據予所見，其號稱佳者，若朱翌猗覺寮雜記、張淏雲谷雜記、沈作喆寓簡、孫奕示兒編、姚寬西溪叢語、劉昌蘆浦筆記、趙與旹賓退録、何薳春渚紀聞、陸游老學庵筆記、葉夢得石林燕語、避暑録話，雖標新立異，頗有獨得，而或瑣屑爲累，或踳駁太甚，或意見偏埶，或篇幅寥狹，皆僅備取裁，無當鉅著。惟朱弁曲洧舊聞，大指多論宋事，而間及前史，皆極精核，最爲可貴。要之諸家當理學盛行之時，不務

爲心性空談，獨爲根柢實學，於以箴陋砭荒，厥功甚偉。

10 周中孚鄭堂讀書記

老學庵筆記十卷，渭南文集附刊本，宋陸游撰。游仕履見傳記類。四庫全書著録，而有續筆記二卷。書録解題小説家類作十卷，通考小説家同。宋志作一卷，字之誤也。其皆不及續筆記者，疑當時未有此續本，而出於近人之所輯録，故焦氏國史志亦不及之。是書皆其綜述見聞，訂證文藝，多有裨於考證。其所記間及神怪，或近於諧戲者，亦不過百分之一二耳。故毛子晉跋之，謂讀至仁宗飛白；哲宗宸翰；張德遠誅范瓊於建康獄中，都人皆鼓舞，秦檜之殺岳飛於臨安獄中，都人皆涕泣；王仲信守文書而不願官秦熺，任元受視母病而不肯就魏公諸則，真足補史之遺，而糾史之謬，寧僅僅「杜宇爲謝豹」，「不律爲録沈」，多識於鳥獸草木之名耶？津逮秘書、學津討原均收入之。説郛止節録一卷，其於續筆記十六條，亦屬節本，故不志之。

11 繆荃孫藝風藏書記卷二

老學庵筆記十卷，過録黄蕘圃校影宋本。〔一〕

〔一〕其後載顧廣圻老學庵筆記題跋及黄丕烈老學庵筆記題跋，原文具見本附録顧廣圻思適齋書跋及黄丕烈士禮居藏書題跋記續，此處從略。

12 商務印書館印本夏敬觀跋

右老學庵筆記十卷，宋山陰陸游撰。四庫總目題十卷，續筆二卷。陳振孫書録解題作十卷，續筆不著録。此依穴硯齋抄本，亦十卷，無續筆，爲江安傅沅叔所藏。穴硯齋在錢遵王前，黄蕘翁已言之矣。此鈔遇宋帝及放翁先世，皆空一格，知從宋代放翁集家刻本出。按明吴江周元度刻本有天啓錢允治序，謂此書紹定戊子翁次子遹知台州刻於郡齋。宋亡，别無刻本。此鈔出於宋槧，尤可貴也。又得何義門校本，舊藏持静齋，分别朱紫二筆，朱筆校字爲多，今悉剌取註於行間，而别紫筆爲又一本。

按義門校後跋語謂與周刻對校，無大相遠。而錢塘丁氏藏書志則稱毛晉津逮祕書即從稗海本，張海鵬學津討原即仍津逮本，皆不及周刻之善。今以津逮與穴硯齋鈔本及何校對勘，則殊不然，且多與鈔本相同，而勝於學津本也。津逮更有多出於鈔本之字句者，但毛氏刻書率多臆增臆改耳，姑并存之。戊午午日新建夏敬觀跋。

13 張宗祥説郛序（節録）

自民國八年冬，主京師圖書館事，得見館中殘本明抄説郛。……敢舉其大者以告世之同好者：事始、續事始、世無傳本，一善也；雲谷雜記雖非全本，然較武英殿本已多二十餘條，意林世所傳皆五卷本，此書所收爲六卷本，二善也；老學庵續筆記有目無書久矣，四庫各閣皆無，此獨有之，三善也。

唐宋史料筆記叢刊　書目

隋唐嘉話　朝野僉載
〔唐〕劉餗　〔唐〕張鷟

明皇雜録　東觀奏記
〔唐〕鄭處誨　〔唐〕裴庭裕

大唐新語
〔唐〕劉肅

唐語林校證
〔宋〕王讜

東齋記事　春明退朝録
〔宋〕范鎮　〔宋〕宋敏求

澠水燕談録　歸田録
〔宋〕王闢之　〔宋〕歐陽脩

龍川略志　龍川别志
〔宋〕蘇轍

東坡志林
〔宋〕蘇軾

默記　燕翼詒謀録
〔宋〕王銍　〔宋〕王林

涑水記聞
〔宋〕司馬光

東軒筆録
〔宋〕魏泰

青箱雜記
〔宋〕吴處厚

齊東野語
〔宋〕周密

癸辛雜識
〔宋〕周密

邵氏聞見録
〔宋〕邵伯温

邵氏聞見後録
〔宋〕邵博

桯史

〔宋〕岳珂

游宦紀聞　舊聞證誤

〔宋〕張世南　〔宋〕李心傳

鐵圍山叢談

〔宋〕蔡絛

四朝聞見録

〔宋〕葉紹翁

春渚紀聞

〔宋〕何薳

蘆浦筆記

〔宋〕劉昌詩

鶴林玉露

〔宋〕羅大經

湘山野録　續録　玉壺清話

〔宋〕文瑩

泊宅編

〔宋〕方勺

老學庵筆記

〔宋〕陸游

西溪叢語　家世舊聞

〔宋〕姚寬　〔宋〕陸游

石林燕語

〔宋〕葉夢得　〔宋〕宇文紹奕考异

雲麓漫鈔

〔宋〕趙彦衛

鷄肋編

〔宋〕莊綽

清波雜志校注

〔宋〕周煇

建炎以來朝野雜記

〔宋〕李心傳

麟臺故事校證

〔宋〕程俱

師友談記　曲洧舊聞　西塘集耆舊續聞

〔宋〕李廌　〔宋〕朱弁　〔宋〕陳鵠

墨莊漫録　過庭録　可書

〔宋〕張邦基　〔宋〕范公偁　〔宋〕張知甫

侯鯖録　墨客揮犀　續墨客揮犀

〔宋〕趙令畤　〔宋〕彭□輯

北夢瑣言

〔五代〕孫光憲

南部新書

〔宋〕錢易

范成大筆記六種

〔宋〕范成大

容齋隨筆

〔宋〕洪邁

封氏聞見記校注

〔唐〕封演

開元天寶遺事　安禄山事迹

〔五代〕王仁裕　〔唐〕姚汝能

朝野類要

〔宋〕趙升

後山談叢　萍洲可談

〔宋〕陳師道　〔宋〕朱彧

愛日齋叢抄　浩然齋雅談　隨隱漫録

〔宋〕葉寘　〔宋〕周密　〔宋〕陳世崇

蘇氏演義（外三種）

〔唐〕蘇鶚　〔五代〕馬縞　〔唐〕李匡文

〔唐〕李涪

教坊記（外三種）

〔唐〕崔令欽　〔唐〕李德裕　〔唐〕鄭綮

〔唐〕段安節

丁晉公談録（外三種）

〔宋〕潘汝士　〔宋〕夷門君玉

〔宋〕孫升口述　〔宋〕劉延世筆録

〔宋〕孔平仲

奉天録（外三種）

〔唐〕趙元一　〔唐〕佚名　〔南唐〕尉遲偓

〔南唐〕劉崇遠

靖康緗素雜記

〔宋〕黄朝英

夢溪筆談

〔宋〕沈括

愧郯録

〔宋〕岳珂

錢塘遺事校箋考原

〔宋〕劉一清

曾公遺録

〔宋〕曾布

儒林公議

〔宋〕田況

雲溪友議校箋

〔唐〕范攄

嬾真子録校釋

〔宋〕馬永卿

王文正公筆録

〔宋〕王曾

王文正公遺事　清虚雜著三編

〔宋〕王素　〔宋〕王鞏

酉陽雜俎

〔唐〕段成式

新輯實賓録

〔宋〕馬永易

志雅堂雜鈔　雲烟過眼録　澄懷録
〔宋〕周密
大唐傳載（外三種）
不著撰人　〔唐〕張固　〔唐〕李濬　〔唐〕李綽
劉賓客嘉話録
〔唐〕韋絢
唐國史補校注
〔唐〕李肇
唐摭言校證
〔五代〕王定保
賓退録
〔宋〕趙與旹
北户録校箋
〔唐〕段公路　〔唐〕崔龜圖